이 책의 활용법

이 책은 독자들이 한 주에 한 장씩 행복에 대해 묵상하고 결단하도록 돕는 다이어리입니다. 총 52주, 1년 분량으로 묵상글과 관련 성경구절, 자신의 생각과 경험, 결단 기록하기 등으로 구성되었습니다. 1장부터 52장까지 예쁘고 소중한 자신만의 다이어리를 완성해 보세요. 한 해 동안 당신은 진정한 행복을 경험하고, 말씀 안에서 성숙해진 자신의 모습을 보게 되실 겁니다.

To.

맥스 루케이도와 함께하는

행복연습
다이어리

HAPPY TODAY

ⓒ 2019 by Max Lucado
Originally published in English as Happy Today
by Thomas Nelson, Nashville, TN, USA.

All rights reserved.
Published by arrangement with Thomas Nelson, a division of HarperCollins
Christian Publishing, Inc. through rMaeng2, Seoul, Republic of Korea.
This Korean translation edition ⓒ 2020 by Word of Life Press, Seoul,
Republic of Korea

이 한국어판의 저작권은 알맹2를 통하여
Thomas Nelson사와 독점 계약한 생명의말씀사에 있습니다.
신 저작권법에 의하여 한국 내에서 보호받는 저작물이므로
무단 전재와 무단 복제를 금합니다.

맥스 루케이도와 함께하는
행복 연습 다이어리

ⓒ 생명의말씀사 2020

2020년 11월 25일 1판 1쇄 발행

펴낸이 | 김재권
펴낸곳 | 생명의말씀사

등록 | 1962. 1. 10. No.300-1962-1
주소 | 서울시 종로구 경희궁1길 6 (03176)
전화 | 02)738-6555(본사) · 02)3159-7979(영업)
팩스 | 02)739-3824(본사) · 080-022-8585(영업)

기획편집 | 임선희
디자인 | 윤보람
인쇄 | 영진문원
제본 | 정문바인텍

ISBN 978-89-04-16733-3 (03230)

저작권자의 허락없이 이 책의 일부 또는 전체를
무단 복제, 전재, 발췌하면 저작권법에 의해 처벌을 받습니다.

맥스 루케이도와 함께하는

행복 연습
다이어리

맥스 루케이도 지음
박상은 옮김

생명의말씀사

Contents

프롤로그 다시 행복하게   9

1. 행복해지는 법   Week 1-6   13
2. 서로 격려함으로 행복해지기   Week 7-12   27
3. 서로 용납함으로 행복해지기   Week 13-17   41
4. 겸손 안에서 행복해지기   Week 18-22   53
5. 서로 인사함으로 행복해지기   Week 23-28   65
6. 기도 안에서 행복해지기   Week 29-34   79
7. 다른 사람들을 섬김으로 행복해지기   Week 35-40   93
8. 용서 안에서 행복해지기   Week 41-46   107
9. 하나님의 사랑 안에서 행복해지기   Week 47-52   121

에필로그 마지막 제안   135
주   141

프롤로그

다시 행복하게

오늘날에는 기쁨을 찾아보기 힘들다. 모든 사람이 기쁨을 찾아 헤매지만 실제로 기쁨을 찾은 사람은 얼마 안 되는 듯하다. 한 연구에 의하면 미국인의 33퍼센트만이 스스로를 "행복하다"고 묘사했다.[1] 대체 어떻게 된 일일까? 의학과 과학 기술의 유례없는 발전에도 불구하고 우리 중 3분의 2는 우울하게 살아간다.

이런 상황에서 우리가 무엇을 할 수 있을지 살펴보자. 이 책은 참된 기쁨을 발견하는 데 도움이 되어 줄 묵상 일기다. 행복은 손에 넣을 수 있다. 습관을 바꾸는 등 약간의 노력이 필요하지만 행복은 그것을 추구하는 사람들의 것이다. 그러므로 행복을 추구하라. 하던 일을 잠시 멈추고, 묵상하고, 일기를 쓰고, 호흡을 가다듬으라. 그렇게 함으로써 참된 기쁨으로 가는 길을 만들라.

이 모든 것은 사람들을 바라보는 시각을 새롭게 하는 것에서 시작된다.

어느 날 한 율법학자가 예수님께 가장 중요한 계명이 무엇이냐고 물었다. 그때 예수님께서 딱 그 질문에 대해서만 대답하셨다면 얼마나 좋았을까! 가장 중요한 계명 하나만 말씀하셨다면!

사실 질문자가 알고 싶었던 것은 한 가지였다. 하나면 충분했다. 그러므로 예수님께서 하나만 알려 주셨어도 아무도 불평하거나 또 다른 계명을 알려 달라고 하지 않았을 것이다.

한 율법학자가 예수님이 대답을 잘하시는 것을 보고 "모든 계명 중에 제일 중요한 것이 어느 계명입니까?" 하고 물었다. 그러자 예수님은 이렇게 대답하셨다. "가장 중요한 계명은 이것이다. '이스라엘 사람들아, 들어라. 우리 주 하나님은 단 한 분밖에 없는 주이시다. 너는 마음을 다하고 정성을 다하고 뜻을 다하고 힘을 다하여 주 너의 하나님을 사랑하라.' 그리고 둘째로 중요한 것은 '네 이웃을 네 몸과 같이 사랑하라'는 계명이다. 이 두 계명보다 더 큰 계명은 없다." (막 12:28-31, 현대인의성경).

율법학자는 몇 개의 답을 원했는가? 하나였다.

그런데 몇 개의 답을 받았는가? 두 개를 받았다!

예수님께서 하나의 계명에서 멈추셨어도 우리는 만족했을 것이다. 하지만 예수님은 그러지 않으셨다. 그분은 두 번째 계명을 말씀하셨고, 그것은 참으로 놀라운 것이었다. "둘째로 중요한 것은 '네 이웃을 네 몸과 같이 사랑하라'는 계명이다"(막 12:31, 현대인의성경).

예수님은 한 문장으로 참된 기쁨에 이르는 길을 알려 주셨다. 예수님의 말씀에 따르면 우리는 차가 막힐 때나 모임에 참석할 때, 낯선 사람들과 인사를 나눌 때, 이웃과 마주쳤을 때, 아이들을 돌볼 때 등 모든 상황에서 사랑으로 사람들을 대해야 한다.

"주는 것이 받는 것보다 복이 있다"(행 20:35). 사실 사람들을 사랑하는 것은 우리를 위해서 좋은 일이다. 이 말에 동의하는가? 사람들을 사랑하라니! 사람들은 우리의 행복에 방해가 되는 존재 아닌가?

도심에서 주차할 곳을 찾아보라. 찾지 못할 것이다. 이미 다른 사람이 주차했기 때문이다. 병원에 진료 예약을 문의해 보라. 2년은 기다려야 할 것이다. 이미 다른 사람들이 예약해 버렸기 때문이다.

따지고 보면 인생의 모든 괴로움은 다 사람들 때문이다. 자동차가 다중 추돌을 일으키고, 윤리 의식이 땅에 떨어지고, 시스템이 마비되고, 신경쇠약에 걸리고, 거친 말이 오가고…. 이 모든 게 다 사람이 너무 많아서 벌어지는 일이다.

그러니 성경이 나눔에서 기쁨을 얻는 것에 대해 그토록 할 말이 많은 것도 당연하다. 행복은 다른 사람들을 행복하게 할 때 찾아온다.

사회의 병폐에 대한 하나님의 해결책은 이타적이고 주위에 활력을 불어넣는, 하나님을 사랑하는 사람들이다. 지역사회에서나 사업장에서 선을 추구하고 악을 멀리하는 그런 사람들이다.

많은 사람이 찌푸린 얼굴로 직장에 와서 그날 해야 할 일들을 확인한다. 당신은 어떠한가? 물론 당신에게도 해야 할 일이 있지만, 당신에게는 다음과 같은 목표도 있다. '오늘 누구를 도울 수 있을까?' '누구를 격려할 수 있을까?'

어쩌면 사무실 저쪽 칸막이 안에 있는 신입사원에게 도움이 필요할 수도 있다. 아니면 당신의 집 앞마당을 침범한 치와와의 주인에게, 아니면 선생님에게 도움이 필요할지 모른다. 아침에 집에서 힘든 일을 겪고 와서 학생들을 다그치는 당신의 선생님 말이다. 다른 사람들은 그녀를 피하지만, 당신은 그러지 않는다. 당신은 그녀의 기운을 북돋고, 그녀의 하루를 밝게 할 방법을 찾는다. 그녀를 칭찬하고 이해하며, 그녀에게 감사의 마음을 전할 방법을 찾는다.

당신이 그러한 노력을 기울이기에 세상은 달라질 것이다.

"네 이웃을 네 몸과 같이 사랑하라"는 그리스도의 계명을 시험해 보자. 다른 사람들을 행복하게 한 뒤 우리가 가장 행복한 사람들이 아닌지 돌아보자.

1. 행복해지는 법

인류는 끊임없이 무언가를 찾아 헤맨다. 우리 조상들이 음식물과 은신처를 찾아 헤맸다면, 우리가 찾아 헤매는 것은 조금 다르다. 오늘날 많은 사람이 평생 정신없이 행복을 찾아 헤맨다. 행복은 골든 티켓이다. 그것만 찾을 수 있다면 우리는 행복해질 것이다. 그렇다면 행복은 어디에 있는가? 대체 언제쯤 찾을 수 있는 것인가? 좋은 직장을 구하거나, 완벽한 배우자를 얻거나, 경제적으로 풍요로워지면 찾을 수 있을까? 이상적인 몸무게에 도달하거나, 사회적 지위를 얻거나, 늘 꿈꾸던 동네에 살게 되면 찾을 수 있을까?

모두가 행복을 찾으려 하지만 그 과정은 지난하다. 심지어 행복하다고 느낄 때조차 그 순간은 잠깐이고, 금세 우리의 행복을 앗아가는 어떤 일들이 일어난다. 그로 인해 다음에 행복을 느낄 때에는 그 행복이 달아날 것을 두려워하게 된다. 그 순간의 행복을 제대로 만끽하지 못하는 것이다.

그런데 만일 행복이 그런 것이 아니라면? 찾기 힘들고 쉽게 잃어버리는 것이 아니라면 어떨 것 같은가? 날마다 행복할 수 있다면 말이다.

사도행전에는 "주는 것이 받는 것보다 복이 있다"는 예수님의 말씀이 기록되어 있다(행 20:35). 이 진리는 행복 추구의 방향을 바꿔 놓는다. 예수님은 자기 자신의 행복이 아니라 다른 사람들의 행복을 추구하라고 말씀하셨다. 다른 누군가의 행복을 추구할 때 비로소 우리는 행복을 경험하게 될 것이다.

행복해지는 법을 알고 싶은가?

행복은 다른 사람들을 행복하게 할 때 찾아온다. 이것은 피상적인 행복이 아니다. 돈을 잃거나 실직을 하거나 집이 넘어가는 어려움 중에도 사라지지 않는 기쁨이다.

다른 사람들을 기쁘게 함으로써 기쁨을 얻으려면 계획, 즉 행복해지기 위한 실제적인 원리가 필요하다. 그 원리들을 기초로 하여 지금부터 '행복 프로젝트'를 시작해 보자.

1
Week

성경에는 **기쁨, 행복, 즐거움, 축하, 환호, 웃음, 축제, 잔치, 축복, 환희** 같은 말이 들어간 문장이 2,700개가 넘는다.[1]

하나님께는 우리의 기쁨의 수준이 중요하다. 행복에 관한 피상적인 이야기를 하려는 게 아니다. 예수님은 죄와 죽음과 인간의 정서적 필요에 대해 솔직하게, 소망을 가지고 말씀하셨다. 예수님은 우리가 "생명을 얻게 하고 더 풍성히 얻게 하려"고 세상에 오셨다 (요 10:10). 예수님은 행복하셨고, 우리 또한 행복하기를 바라신다.

● ● ●

> 천사가 이르되
> 무서워하지 말라. 보라, 내가 온 백성에게 미칠
> 큰 기쁨의 좋은 소식을 너희에게 전하노라.
> – 누가복음 2:10-11

● 당신에게 '행복'은 무엇을 의미하는가?
행복에 대해 생각할 때 어떤 단어나 느낌과 이미지가 떠오르는가?

....
....
....
....
....
....
....
....
....

.... 　　모든 사람이 행복을
　　　　　　　　　　　　　　　　　　　갈망한다. 그리고
.... 　모든 사람이 행복에서
　　　　　　　　　　　　　　　　　　　　유익을 얻는다.
....

2 Week

전염성이 강하고, 확고부동하며, 끊이지 않는 행복을 느껴 본 지 얼마나 되었는가? 누군가 "나는 늘 그렇게 느껴요."라고 대답할지 모르겠다. 당신이 그러하다면 축하한다. 하나님의 축복이 함께하시기를 바란다! 그러나 대부분의 사람들은 아마도 이렇게 대답할 것이다. "글쎄요, 한참 된 것 같은데요? 예전에 행복할 때가 있었는데 요즘은 사는 게 힘드네요."

"병으로 건강을 잃었어요."
"불경기로 직업을 잃었어요."
"그 망할 자식이 내 마음을 빼앗아갔어요."

그 결과 무언가가 우리의 행복을 앗아간다. 기쁨은 그토록 부서지기 쉬운 것이다.

그럼에도 우리는 계속해서 행복을 추구한다. 이 책의 목적은 바로 그것, 즉 사람들이 기쁨으로 인도하는 예기치 못한 문을 발견할 수 있도록 돕는 것이다.

● ● ●

주의 성도들아, 여호와를 찬송하며 그의 거룩함을 기억하며 감사하라.
그의 노염은 잠깐이요 그의 은총은 평생이로다.
저녁에는 울음이 깃들일지라도 아침에는 기쁨이 오리로다.
– 시편 30:4-5

● 마지막으로 참된 행복을 느꼈던 때에 대해 써 보라.
어떤 상황에서 그런 행복을 느꼈는가? 그때 이후로 행복감을 느끼지 못했다면, 그 이유가 무엇이라고 생각하는가?

> 현대인의 우울감을 어떻게 설명할 수 있을까? 우리는 행복으로 가는 엉뚱한 문을 사용하고 있다!

3
Week

　행복으로 향한 문, 즉 사람들이 주로 이용하는 문은 광고 회사들이 보여 주는 문이다. 그들은 "소유하라"고 말한다. "더 빠른 차를 몰고, 유행하는 옷을 입고, 더 많이 마시라"고 말한다.

　그러나 그 모든 약속에도 불구하고 그 문은 우리를 행복으로 인도하지 못한다. 행복해지려면 행복으로 가는 문을 바꾸어야 한다.

　많은 사람이 행복으로 가는 정문이라고 생각하는 곳에는 '소유하면 행복하다.'라는 구호가 적혀 있다. 반면에 사람들이 덜 이용하는 후문에는 '베풀면 행복하다'고 적혀 있다.

● ● ●

주는 것이 받는 것보다 복이 있다.
− 사도행전 20:35

● 다른 누군가에게 친절을 베풀었던 경험에 대해 써 보라.
어떻게 해서 그 사람에게 친절을 베풀게 되었는가? 친절을 베풀고 나서 어떤 기분이 들었는가?

....
....
....
....
....
....
....
....
....
....

....   기쁘게 살고 싶은가?
....   누군가를 위해
....   좋은 일을 하라.

4 Week

    예수님은 많은 비난을 받으셨지만, 투덜이라거나 우울한 사람이라거나 자기중심적인 이기주의자라는 말을 들으신 적이 없다. 예수님이 나타나실 때 사람들은 신음소리를 내지 않았다.

    예수님은 사람들의 이름을 부르셨다.
    예수님은 그들의 이야기에 귀를 기울이셨다.
    예수님은 그들의 질문에 대답하셨다.
    예수님은 그들의 병든 친척들과 친구들을 방문하고 도와주셨다.

    수천 명이 예수님의 말씀을 들으러 왔고, 수백 명이 그분을 따랐다. 그들은 예수님과 함께하기 위해 사업을 접고, 하던 일을 그만두었다. 예수님은 1세기 팔레스타인 사람들에게 기쁨을 가져다주셨다. 오늘을 사는 현대인들에게도 기쁨을 가져다주기 원하시며, 이를 위해 행복을 전하는 특별한 대사들을 부르셨다. 바로 당신과 나다.

• • •

도둑이 오는 것은 도둑질하고 죽이고 멸망시키려는 것뿐이요
내가 온 것은 양으로 생명을 얻게 하고
더 풍성히 얻게 하려는 것이라. 나는 선한 목자라.
– 요한복음 10:10-11

● 예수님께서 잘 웃으시고 잔치를 즐기시는 행복한 분이었다는 사실이 당신을 불편하게 하는가? 만약 그렇다면 그 이유는 무엇이고, 아니라면 그 이유는 무엇인가?

....
....
....
....
....

> 다른 사람들을 행복하게 할 때 우리도 행복해진다.

....
....
....
....
....
....
....
....

5
Week

    당신은 당신의 DNA를 바꿀 수 없고, 날씨나 교통 상황을 통제할 수 없으며, 이 나라의 대통령도 아니다. 그렇지만 언제라도 지구상의 보다 많은 사람이 미소 짓게 할 수 있고, 당신이 사는 지역의 분노 수치를 낮출 수 있다. 당신은 사람들이 더 잘 자고 더 많이 웃게 할 수 있다. 그들이 투덜대는 대신 콧노래를 부르고, 비틀대는 대신 똑바로 걷게 할 수 있다. 다른 사람들의 짐을 가볍게 해 줄 수 있고, 그들의 하루를 밝게 해 줄 수 있다. 그러므로 당신 스스로 새롭게 발견한 이 기쁨을 맛보기 시작할 때 놀라지 말라.

• • •

새 계명을 너희에게 주노니 서로 사랑하라.
내가 너희를 사랑한 것같이 너희도 서로 사랑하라.
너희가 서로 사랑하면 이로써 모든 사람이
너희가 내 제자인 줄 알리라.
– 요한복음 13:34-35

● 당신은 삶의 어떤 영역에서 통제력을 상실한 것처럼 느끼는가? 당신이 주변 사람들의 행복뿐 아니라 당신 자신의 행복에도 영향을 미칠 수 있다고 생각하는가?

> 선을 행하는것은 행하는 사람 자신에게 유익하다.

6 Week

당신과 나는 외로운 행성에 살고 있다. 사무실마다 상심한 사람들로 가득하다. 좌절은 무수한 사람들의 삶을 미라로 만든다. 세상에는 친절한 사람들이 절실히, 매우 절실히 필요하다. 우리가 사회의 모든 문제를 해결할 수는 없지만 적어도 몇몇 사람의 얼굴을 미소 짓게 할 수는 있다. 혹시 아는가? 당신과 내가 세상 한 귀퉁이를 밝게 하면 조용한 기쁨의 혁명이 시작될지 말이다.

• • •

너희는 세상의 빛이라.
산 위에 있는 동네가 숨겨지지 못할 것이요
– 마태복음 5:14

● 이번 주에 세상의 한 귀퉁이를 밝게 할 수 있는 방법이 무엇이 있을까? 지금 할 수 있는 일 세 가지를 써 보라.

기쁨으로 샤워하고 싶은가? 지루한 일상에 지쳤는가? 그렇다면 누군가를 행복하게 해 주라.

2. 서로 격려함으로 행복해지기

자신감 있고 자기 확신이 강한 사람에게도 때로는 격려가 필요하다. 당신이 직장에서 힘든 일을 겪을 때 동료의 친절한 말 한마디가 큰 위로가 될 수 있다. 당신이 아이들 때문에 힘들어할 때 사랑하는 사람의 격려는 그날의 남은 시간을 버틸 수 있게 해 주는 힘이 된다. 친구에게서 온 문자 한 통, 이웃의 칭찬 한마디가 기운을 북돋아 준다. 격려는 누군가를 행복하게 해 주는, 간단하면서도 강력한 방법이다.

성경은 종종 격려에 대해 말한다. 하지만 성경에서 말하는 격려는 하이파이브를 하거나 "잘했어!"라고 말하는 것 이상이다.

데살로니가전서 5장 11절은 "그러므로 여러분은 지금까지 생활해 온 그대로 서로 격려하며 도와주십시오."라고 말한다(현대인의성경). 여기서 "격려"로 번역된 헬라어는 '파라클레시스'(paraklēsis)로 '가까이'라는 뜻의 '파라'(para)와 '부르다'라는 뜻의 '칼레오'(kaleō)가 합쳐진 합성어다.[1] 이러한 정의는 성경적인 격려의 두 가지 측면을 말해 준다. 그것은 바로 누군가에게 가까이 다가가 그의 잠재력을 이끌어 내는 것이다. 누군가를 격려할 때 우리는 그 사람의 현재 모습이 아니라 장차 더 나아질 그의 미래의 모습을 생각하며 그를 격려하는 것이다.

그리스도의 몸 된 교회가 진정으로 서로를 격려할 때, 즉 '파라클레시스' 방식으로 격려할 때 우리는 서로를 일으켜 세우고, 앞으로 나아가게 한다.

지금부터 몇 주 동안 당신은 이 책과 함께 다른 사람들이 당신을 어떻게 격려했고, 또 당신은 다른 사람들을 어떻게 격려하고 그로 인해 스스로 격려 받았는지에 대해 묵상할 기회를 갖게 될 것이다.

7
Week

요한복음 14-16장에서 예수님은 우리에게 성령님에 대해 알려 주시면서 성령님을 '파라클레토스'(paraklétos)라고 부르셨는데, 이는 '격려자', '위로자'라는 뜻의 헬라어다.[1]

성경은 우리를 격려한다. "무엇이든지 전에 기록된 바는 우리의 교훈을 위하여 기록된 것이니 우리로 하여금 인내로 또는 성경의 위로(encouragement)로 소망을 가지게 함이니라"(롬 15:4).

천국의 성인들도 우리를 격려한다. "이러므로 우리에게 구름같이 둘러싼 허다한 증인들이 있으니 모든 무거운 것과 얽매이기 쉬운 죄를 벗어 버리고 인내로써 우리 앞에 당한 경주를 하자"(히 12:1 참조). 무수한 하나님의 자녀들이 우리를 격려한다. 경기장의 관중처럼 "구름같이 둘러싼 허다한 증인들"이 천국에서 박수를 치며 우리를 응원한다.

● ● ●

**이제 인내와 위로의 하나님이
너희로 그리스도 예수를 본받아 서로 뜻이 같게 하여 주사**
– 로마서 15:5

● 성경이나 주변 사람들로부터 위로 받은 경험에 대해 써 보라.

하나님은 격려에 큰 가치를 두신다.

8
Week

예수님이 제자들에게 물으셨다. "너희는 나를 누구라고 하느냐?" 베드로가 대답했다. "주는 그리스도시요 살아 계신 하나님의 아들이시니이다"(마 16:16).

이러한 고백에 예수님은 뛸 듯이 기뻐하셨다. "바요나 시몬아, 네가 복이 있도다"(마 16:17).

예수님은 심지어 그의 이름을 바꿔 주기까지 하셨다. 시몬은 이제 베드로가 되었다. 베드로는 '바위'라는 뜻이다. 바위처럼 굳건한 믿음을 표현한 시몬에게는 바위처럼 단단한 이름이 필요했다.

예수님은 격려자들이 하는 일을 베드로에게 하셨다. 그분은 베드로 안에 있는 가장 좋은 것들을 끄집어내셨다. 그렇게 베드로를 세우셨다.

● ● ●

바요나 시몬아 네가 복이 있도다.
이를 네게 알게 한 이는 혈육이 아니요
하늘에 계신 내 아버지시니라. 또 내가 네게 이르노니
너는 베드로라. 내가 이 반석 위에 내 교회를 세우리니
음부의 권세가 이기지 못하리라.
– 마태복음 16:17-18

● 예수님께서 베드로를 어떻게 격려하셨는지 생각해 보라.
오늘 당신이 예수님께 들어야 하는 격려의 말을 적어 보라.

....

....

....

....

....

....

> 격려자들은 숙련된 석공의 솜씨로 칭찬과 영감의 석재를 쌓는다.

....

....

....

....

....

HELLO

2. 서로 격려함으로 행복해지기 / 31

9
Week

　내가 우리 교회의 담임목사가 된 지 3년째 되던 해에 예전의 담임목사님이 돌아오셨다. 우리 시로 이사를 왔을 뿐 아니라 우리 교회에서 함께 섬기게 된 것이다. 찰스 프린스(Charles Prince)라는 이름의 그 목사님은 나보다 서른 살 어른이셨고, 하버드대학을 졸업하신 멘사 회원이었다. 반면에 나는 30대 중반의 신임 목사로 모든 일에 서툴렀다. 두 사람 관계가 어색하고 힘들어질 수도 있었지만, 찰스 목사님이 먼저 내 사무실로 찾아와 걱정을 덜어 주셨다. 목사님은 나에게 이렇게 말씀하셨다. "우리 사이에 문제 될 일은 없을 거예요. 나는 목사님을 적극 응원할 테니까요."

　이런 격려에는 미켈란젤로 효과가 있다. 미켈란젤로는 대리석 안에서 다윗의 형상을 보고 끌로 그 형상을 조각해 냈다.

● ● ●

> 서로 돌아보아 사랑과 선행을 격려하며
> 모이기를 폐하는 어떤 사람들의 습관과 같이 하지 말고
> 오직 권하여 그날이 가까움을 볼수록 더욱 그리하자.
> – 히브리서 10:24-25

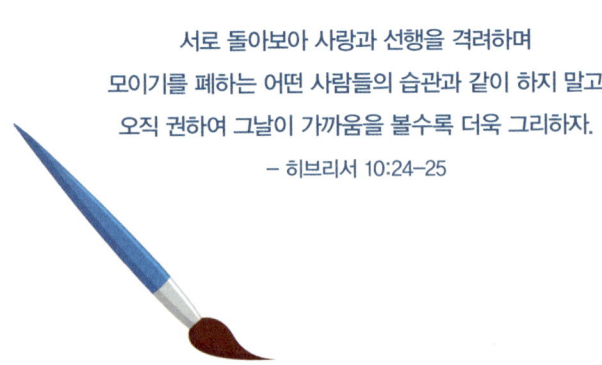

● 당신보다 나이가 많거나 현명한 누군가가 당신의 삶에 미켈란젤로 효과를 가져온 때에 대해 써 보라. 그 사람이 당신을 격려하기 위해 어떤 말이나 행동을 했는가?

....
....
....
....
....
....
....
....
....

....

....

....

**격려자는
당신 안에 있는
최상의 것을 보고,
그것을 끄집어낸다.**

10 Week

한 어린 소년이 아빠에게 이렇게 말했다. "아빠, 우리 다트 게임 해요. 내가 던지면 아빠는 '잘했어!'라고 외치는 거예요."

사람은 누구나 "잘했다"는 말을 들어야 한다. 그 이유는 다음과 같다. 오늘날 우리 사회에는 사람들을 낙심시키려는 음모가 진행 중이다. 기업들은 수십억 달러를 들여서 우리가 스스로를 부족하다고 믿게 만들려 한다. 그들은 화장품을 팔기 위해 우리의 얼굴이 주름졌다고 말하고, 새 옷을 팔기 위해 우리의 옷이 구식이라고 말하며, 염색약을 팔기 위해 우리의 머리 색깔이 칙칙하다고 말한다. 광고 회사들은 우리 세대의 가장 똑똑하고 부유한 사람들을 이용하여 우리가 뚱뚱하고, 냄새나고, 추하고, 유행에 뒤졌다고 믿게 한다. 그렇게 우리는 공격당하고 있다!

● ● ●

> 하나님의 전신갑주를 취하라.
> 이는 악한 날에 너희가 능히 대적하고
> 모든 일을 행한 후에 서기 위함이라.
> 그런즉 서서 진리로 너희 허리띠를 띠고
> – 에베소서 6:13-14

● 이 페이지의 중앙에 세로줄을 그어 왼쪽에는 '거짓', 오른쪽에는 '진실'이라는 제목을 붙이라. 그런 다음 왼쪽에는 당신을 좌절하게 하는, 스스로에 대한 잘못된 생각들을 적고, 오른쪽에는 그런 잘못된 생각들에 대적할, 하나님께로부터 온 진리를 적으라.

<u>스스로를</u>
부족하게 여기는
사람이
너무 많다.

11 Week

　주변에서 시몬 베드로 같은 사람들을 찾아보고 그들 안에 있는 바위를 이끌어 내라. 그러기 위해 사람들의 말을 주의 깊게 들으라.

　어느 날 혈루증을 앓는 여인이 절박한 심정으로 예수님을 찾아갔다. 그녀는 이미 여러 의사를 찾아다니며 재산을 허비한 터라 돈도 없고, 희망도 없었다. 그녀는 사람들 사이로 팔을 뻗어 예수님의 옷자락을 만졌고, 그 순간 혈루 증상이 멎었다. 예수님께서 물으셨다. "내게 손을 댄 자가 누구냐?"(눅 8:45) 여인은 "자기에게 이루어진 일을 알고 두려워하여 떨며 와서 그 앞에 엎드려 모든 사실을 여쭈"었다(막 5:33).

　당신도 누군가에게 이렇게 해 주라. 누군가에게 그의 이야기를 들려 달라고 청하라.

● ● ●

> 여자가 자기에게 이루어진 일을 알고
> 두려워하여 떨며 와서 그 앞에 엎드려 모든 사실을 여쭈니
> 예수께서 이르시되 딸아 네 믿음이 너를 구원하였으니
> 평안히 가라. 네 병에서 놓여 건강할지어다.
> – 마가복음 5:33-34

● 누군가 당신이 하는 모든 이야기를 들어 줌으로써 당신을 격려했을 때에 대해 써 보라.

가장 귀한
선물인 경청을
선사하라.

12 Week

주변에서 시몬 베드로 같은 사람들을 찾아보고 그들 안에 있는 바위를 이끌어 내라. 그러기 위해 사람들에게 칭찬을 아끼지 말라.

성경적인 격려는 무심코 하는 친절한 말이 아니라 상대방의 사기를 북돋기 위해 의도된 말이다. "서로 돌아보아 사랑과 선행을 격려하며"(히 10:24). 여기서 "돌아보아"(consider)라는 말은 '명확하게 알고, 완전히 이해하고, 자세히 살핀다'는 뜻이다.[1]

당신 주변에도 격려가 필요한 사람이 있는가? 당연히 그럴 것이다. 여기 한 가지 아이디어가 있다. 친구나 친척에게 전화해서 다음과 같은 말로 대화를 시작해 보라. "자네가 얼마나 좋은 사람인지 말할 수 있도록 120초만 시간을 내 줄 수 있겠어?" 그런 다음 그의 사기를 북돋아 주고, 그를 인정하는 말을 하라. 그가 민망해할 정도로 칭찬하라. 그가 격려의 말에 흠뻑 젖게 하라.

● ● ●

> 누구에게나 악으로 악을 갚지 말고
> 여러분 자신과 모든 사람을 위해 언제나
> 선을 추구하십시오.
> – 데살로니가전서 5:15, 현대인의성경

● 격려가 필요한 친구나 가족을 떠올린 후 그를 칭찬하는 말을 적어 보라.

....

....

....

....

.... 모든 사람에게는

.... 치어리더가

.... 필요하다.

.... 그러므로

.... 치어리더가

.... 돼라.

....

....

....

....

....

3. 서로 용납함으로 행복해지기

사람들은 우리를 짜증나게 한다. 그들은 엉뚱한 때에 엉뚱한 소리를 한다. 엉뚱한 의견을 가지고 있고, 엉뚱한 정당을 선호하며, 엉뚱한 교파의 교회에 다닌다.

모든 사람이 다 우리 같기만 하다면, 우리처럼 생각하고 우리처럼 행동한다면 인생이 참으로 순탄하고 행복할 텐데 말이다.

그러나 불행히도 그런 일은 일어나지 않을 것이다. 하나님은 그 어떤 사람도 똑같이 만들지 않으셨기 때문이다. 우리는 다양한 문화와 피부색, 신념, 행동이 공존하는 세상을 살아가며, 그렇게 살도록 의도되었다. 그렇기 때문에 만약 당신이 당신과 다르게 행동하거나 생각하는 누군가를 언짢게 여긴다면 삶이 매우 비참할 것이다.

예수님은 종종 '다르다'고 여겨지는 사람들과 어울리셨다. 그분의 제자들은 평범한 사람들이 아니었다. 그들은 어부들과 전직 세리들이었다. 예수님은 어린아이들과 시간을 보내셨으며, 많은 사람 앞에서 여자들과 대화를 나누셨다(1세기 팔레스타인에서 유대인 남자들은 대중 앞에서 여자들과 대화를 나누지 않았다). 예수님은 다른 사람들을 자신과 똑같이 만들려고 하지 않으셨다. 그분은 차이의 장벽을 무너뜨리셨다. 다른 사람들을 용납하고 포용하셨다.

우리도 같은 선택을 할 수 있다. 우리는 사람들에게 짜증을 내거나 화를 낼 수도 있고, 우리와 다른 그들의 모습을 있는 그대로 받아들일 수도 있다. 언짢아할 수도 있고, 성경에서 말하는 대로 "오래 참음으로 사랑 가운데서 서로 용납"할 수도 있다(엡 4:2).

행복은 모든 사람이 당신처럼 될 때 생기는 것이 아니다. 행복은 우리가 서로를 용납하고, 서로의 다른 점을 포용할 때 생겨난다.

13
Week

당신을 짜증나게 하는 것은 무엇인가?
우리가 짜증을 낼 때 하는 말들은 실제로 고통받는 사람이 누구인지 보여 준다.

"마음에 안 들어."
"눈에 거슬려."
"신경을 긁어."

누구의 마음이고, 누구의 눈이고, 누구의 신경인가? 바로 우리의 마음이고, 우리의 눈이고, 우리의 신경이다.
누가 고통받는가? 우리다! 짜증을 낼 때마다 우리가 가진 기쁨의 잔고가 줄어든다.
탁구공 한 바구니가 당신의 하루치 행복을 나타낸다고 가정하자. 당신이 짜증을 낼 때마다 바구니에서 공이 하나씩 빠져나간다.
당신의 행복 바구니에 구멍이 났다면 어떻게 다른 사람들을 미소 짓게 할 수 있겠는가? 그것은 불가능하다.

● ● ●

그러므로 너희는 하나님이 택하사 거룩하고 사랑받는 자처럼 긍휼과 자비와
겸손과 온유와 오래 참음을 옷 입고 누가 누구에게 불만이 있거든 서로
용납하여 피차 용서하되 주께서 너희를 용서하신 것같이 너희도 그리하고
– 골로새서 3:12-13

● 누군가 당신의 신경을 거슬리게 한 일에 대해 써 보라. 그 사람의 어떤 행동이 거슬렸는가? 그 사람이 그런 행동을 할 때 육체적, 정신적, 감정적으로 어떤 느낌이 들었는가?

....

....

....

....

....

> 기쁨은 매우
> 귀중한 자산이다.
> 왜 사소한 일에
> 낭비하는가?

....

....

....

....

....

....

....

14 Week

사도 바울은 "인내와 사랑으로 서로 너그럽게 대하라"고 말했다 (엡 4:2, 현대인의성경).

여기서 "인내"에 해당하는 헬라어는 '오래'(long)의 의미를 갖는 단어와 '누그러진, 부드러워진'(tempered)의 의미를 갖는 단어가 합쳐진 합성어다.[1] 성마른(short-tempered) 사람은 사소한 일에도 민감한 반응을 보인다. 인내하는 사람은 오래 참는다(long tempered). 'tempered'의 문자적인 의미는 '그만두기까지 시간이 오래 걸린다'는 뜻이다.[2] 다시 말해 금세 과열되지 않는 것이다.

인내하는 사람은 세상 사람들의 온갖 기벽을 보지만, 거기에 반응하기보다 너그러이 받아 준다.

• • •

인내와 사랑으로 서로 너그럽게 대하라.
— 에베소서 4:2, 현대인의성경

● 당신이 비교적 잘 참을 수 있는 사람의 유형과 참기 힘든 사람의 유형을 써 보라. 그것이 당신에 대해 무엇을 말해 주는가? 왜 어떤 사람은 참을 수 있고, 어떤 사람은 참기 힘든가?

> 짜증나는 일들이
> 우리의 삶을
> 갉아먹게 하면
> 안 된다.

15 Week

내 아내 데날린은 동네에서 가장 행복한 사람이다. 그녀의 친구들이나 내 딸들에게 물어보라. 그들은 데날린이 괴짜와 결혼했지만 그래도 축제를 즐기는 아이와 같은 수준의 기쁨을 누리고 있다고 대답할 것이다. 데날린의 비결은 바로 그녀가 나의 특이한 버릇을 즐기는 법을 안다는 것이다. 그녀는 내가 사람들을 즐겁게 해 준다고 생각한다. 누가 그런 생각을 할 수 있겠는가?

분명히 말해 두지만, 데날린은 자기 의견을 곧잘 말하는 편이다. 나는 내가 언제 데날린의 인내심을 시험했는지 안다. 하지만 시험에 실패할 것을 두려워한 적은 없다. 이 점이 나를 더 행복하게 한다.

행복은 감정이라기보다 결정이다. 서로를 참아 주겠다는 결정.

• • •

사랑은 오래 참고 사랑은 온유하며 … 성내지 아니하며
악한 것을 생각하지 아니하며
– 고린도전서 13:4-5

● 가족이나 친구, 연인, 배우자 등 당신이 사랑하는 누군가에 대해 쓰라. 당신이 그 사람을 사랑하는 이유를 쓰고, 그의 짜증스럽거나 특이한 행동에 대해서도 써 보라.

....

....

....

....

....

....

....

....

....

....

....

....　　　　행복은
　　　　　　　　　　　　　　　　　　감정이라기보다
....　　　　결정이다.

16 Week

사람들이 당신을 참아 주지 않는다고 생각되는가? 다음에도 그 사람들과 함께 사는 게 힘들게 느껴지거든, 당신과 함께 사는 것은 어떨지 상상해 보라.

예수님의 말씀을 빌리자면, 자기 눈 속에 있는 들보는 보지 못하고 남의 눈 속에 있는 티끌에만 신경 쓰는 사람이 되지 말라 (마 7:3-5).

우리는 다른 사람의 일에 대해서는 매의 눈으로 살피면서 정작 우리 자신의 일에 대해서는 두더지처럼 눈이 어둡다. 솔직히 우리는 다른 사람을 변화시키는 데 너무 많은 시간을 들이고 있지 않은가? 우리 자신의 잘못보다는 친구들의 잘못을 더 잘 찾아내지 않는가?

• • •

> 어찌하여 형제의 눈 속에 있는 티는 보고
> 네 눈 속에 있는 들보는 깨닫지 못하느냐? …
> 먼저 네 눈 속에서 들보를 빼어라.
> 그 후에야 밝히 보고 형제의 눈 속에서 티를 빼리라.
> – 마태복음 7:3, 5

● 당신을 잘 아는 사람이 지적할 만한 당신의 특이한 면이나 짜증스러운 행동을 열거하라. 그러한 단점에도 불구하고 그 사람에게 받아들여진다는 게 어떤 느낌인지에 대해 써 보라.

....

....

....

....

.... 세상을 바꾸고
 싶다면 당신
.... 자신에서부터
 시작하라.
....

....

....

17
Week

　대부분의 세상일은 사소하다. 사소한 일에 기운을 빼지 않으면 기운 빠질 일이 그리 많지 않을 것이다.

　앞으로도 당신은 인내심을 시험당할 것이다. 어떤 운전자는 깜빡이 켜는 것을 잊어버릴 것이고, 어떤 탑승객은 비행기 안에서 큰 소리로 떠들 것이다. 어떤 쇼핑객은 열 개 이하의 물품을 구매할 때만 이용할 수 있는 소량 계산대에서 열다섯 개를 계산하려 할 것이다. 당신의 남편은 뱃고동처럼 요란하게 코를 골 것이고, 당신의 아내는 주차선을 무시한 채 차 두 대를 주차할 수 있는 공간 한가운데에 주차를 해 놓을 것이다.

　그럴 때면 기쁨의 공 바구니를 생각하라. 단 하나의 공도 밖으로 빠져나가게 하지 말라.

● ● ●

주께서 내 내장을 지으시며 나의 모태에서 나를 만드셨나이다.
내가 주께 감사하옴은 나를 지으심이 심히 기묘하심이라.
― 마태복음 7:3, 5

● 하루 동안 누군가로 인해 짜증이 날 때마다 그 사람이 고유한 개성을 지닌 하나님의 자녀이며 경이로운 피조물임을 생각하라. 그리고 그러한 생각이 당신의 하루에 어떤 영향을 끼쳤는지 기록하라.

> 아무리 짜증스러운 일도 당신이나 다른 사람들의 기쁨과 맞바꿀 만큼 중요하지 않다.

4. 겸손 안에서 행복해지기

 소셜미디어는 우리로 하여금 우리가 하는 모든 일에 대한 사람들의 긍정적인 반응을 기대하게 한다. 머리를 잘랐군요? '좋아요.' 개를 산책시켰네요? '좋아요.' 휴가를 떠났다고요? '좋아요.' 그래서 우리는 종종 '보여주기 위한' 삶을 살게 된다. 겸손과 섬김보다는 '좋아요'와 사람들의 박수에 더 가치를 두게 되는 것이다.

 마르다도 이러한 자기 과시 함정에 빠진 적이 있다. 예수님께서 마르다와 그녀의 동생 마리아의 집에 방문하셨을 때 마리아는 예수님의 발치에 앉아 있었던 것에 반해 마르다는 부엌에서 식사 준비를 하느라 바빴다. 마르다는 자기 혼자 보이지 않는 곳에서 수고한다는 생각에 속이 상했다. 그러나 마르다가 예수님께 불평했을 때, 예수님은 마르다를 칭찬하거나 마르다가 준비한 음식이 맛있다고 말씀하시지 않고, 마르다의 주의를 그녀 자신으로부터 다른 것으로 옮겨 주셨다. "꼭 필요한 것은 한 가지뿐이다"(눅 10:42, 현대인의성경). 그 한 가지는 사람들의 인정이나 소셜미디어의 '좋아요.' 같은 것이 아니다. 그것은 바로 마리아가 곁에 앉아 있던 분, 예수님이다.

 만약 당신의 행복이 사람들의 인정이나 소셜미디어에 올라오는 반응에 달려 있다면 당신은 행복과 불행을 왔다 갔다 할 것이다. 만약 당신의 봉사가 사람들의 인정이라는 보상이 따를 때에만 가치가 있다면 당신은 행복한 봉사자가 될 수 없을 것이다. 그러나 당신이 자기 과시를 벗어나 그리스도 중심적인 삶을 살고자 한다면 자기 과시는 겸손에 자리를 내어 줄 것이다. 그리고 당신은 그리스도께서 보여 주시는 관심에 만족하며 더 이상 다른 사람의 관심을 구하지 않게 될 것이다.

 그리스도는 우리를 화려하고 요란한 삶으로 초대하시지 않았다. 그분을 따라오라고 초청하셨다. 그곳이 무대 위든 보이지 않는 곳이든, 그리스도의 신실한 제자들은 자아를 내려놓고 예수님께서 길을 인도하시도록 겸손히 행한다.

18 Week

 손님을 환대하는 마르다에게 무슨 일이 일어난 걸까? 누가의 말에 답이 있다. "마르다는 준비하는 일이 많아 마음이 분주한지라"(눅 10:40). 마르다는 성대한 잔치를 벌여 깊은 인상을 심어 주고자 하는 야심 찬 계획을 세웠지만, 모든 게 엉망이 되고 말았다. 그녀는 "많은 일로 염려하고 근심"하였다(41절).

 마르다의 이야기에서 우리는 어떤 교훈을 얻을 수 있을까? 요리를 하는 것은 죄라는 교훈? 손님 접대는 악마의 도구라는 교훈? 아니다.

 마르다의 문제는 일을 많이 하거나 도움을 요청한 것이 아니다. 문제는 그녀의 동기다. 나는 마르다가 예수님을 섬긴 게 아니었다고 생각한다. 그녀는 자기를 과시하는 중이었다. 마르다는 예수님께 식사를 대접한 것이 아니라 그녀의 섬김을 보여 주고자 했다. 거짓말 중에서도 가장 교묘한 거짓말인 '자기 홍보의 함정'에 빠진 것이다.

• • •

> 주께서 대답하여 이르시되 마르다야 마르다야, 네가 많은 일로 염려하고 근심하나 몇 가지만 하든지 혹은 한 가지만이라도 족하니라. 마리아는 이 좋은 편을 택하였으니 빼앗기지 아니하리라 하시니라.
> – 누가복음 10:41-42

● 마르다의 심정에 공감이 되었던 때에 대해 써 보라. 당신도 사람들의 인정을 갈구한 적이 있는가? 당연히 받아야 한다고 생각한 인정을 받지 못했을 때 어떤 기분이 드는가?

....
....
....
....
....
....
....
....
....
....
....
....
....
....

> 마르다는 평강의 왕과 함께 있으면서도 엄청난 스트레스를 받았다.

19 Week

'자기 홍보'는 일단 시작하면 멈추기 어렵고, 결국 불행한 결과로 이어진다. 그리스도를 섬기려는 마음에서 비롯된 일이 사람들에게 좋은 인상을 심어 주려는 행동으로 바뀐다. 그럴 때 재능 있는 마르다들은 불행한 불평꾼이 된다. 그 이유를 알기는 어렵지 않다. 우리의 행복이 다른 사람들의 박수와 인정에 좌우된다면 우리는 그들의 의견에 따라 기분이 맑았다 흐렸다 할 것이다. 다른 사람들에게 인정을 받으면 우쭐할 것이고, 인정받지 못하면 불평할 것이다.

● ● ●

아무 일에든지 다툼이나 허영으로 하지 말고
– 빌립보서 2:3

● 그리스도의 이름으로 하는 선행조차 실은 우리 자신을 위해서 한 일일 수 있다. 당신은 이기적인 야심으로 다른 사람들을 섬긴 적이 있는가? 그때의 경험이 어떠하였으며, 그것이 당신의 행복에 어떻게 영향을 끼쳤는지 써 보라.

'자기 홍보'는
온통 자신에 대한
관심밖에 없다.

20 Week

사역이 헛된 야망이 되면, 결코 선한 열매가 맺히지 않는다.

나는 하나님의 MVP가 아니다.
당신은 하나님의 VIP가 아니다.

우리는 인류에 대한 하나님의 선물이 아니다. 하나님은 우리를 사랑하시고, 우리 안에 거하시며, 우리를 위한 위대한 계획을 갖고 계시다. 우리는 가치 있는 존재이지만 필수불가결하지는 않다.

도끼가 어찌 찍는 자에게 스스로 자랑하겠으며 톱이 어찌 켜는 자에게 스스로 큰 체하겠느냐? 이는 막대기가 자기를 드는 자를 움직이려 하며 몽둥이가 나무 아닌 사람을 들려 함과 같음이로다(사 10:15).

우리는 도끼이고, 톱이고, 막대기이고, 몽둥이다. 하나님의 손 없이는 아무것도 할 수 없다.

● ● ●

톱이 어찌 켜는 자에게 스스로 큰 체하겠느냐.
– 이사야 10:15

● 이사야서 10장 15절에 대한 당신의 생각을 써 보라. 하나님의 손을 떠나서는 우리가 아무것도 할 수 없다고 생각할 때 어떤 기분이 드는가? 이 성경말씀에 긍정적인 느낌을 받는가, 아니면 부정적인 느낌을 받는가? 그 이유는 무엇인가?

··

··

·· 하나님은 우리

·· 각자를 들어

·· 쓰실 수 있지만

·· 우리 중

·· 그 누구도

·· 필요하지

·· 않으시다.

··

··

··

··

21 Week

기쁨을 앗아가는 자기 홍보에 대한 바울의 해독제("오직 겸손한 마음으로 각각 자기보다 남을 낫게 여기고"[빌 2:3])를 기억하는 것이 얼마나 현명한 일인가!

예수님은 다음과 같은 말씀을 하시며 미소 지으셨을 것이 분명하다. "너는 초대를 받거든 맨 끝자리에 가서 앉아라. 그러면 주인이 와서 '좀 더 높은 자리에 가서 앉으십시오.' 하고 말할 것이다. 그렇게 되면 네가 모든 손님들 앞에서 체면이 설 것이다"(눅 14:10, 현대인의성경).

박수 받기를 바라는 것은 어리석은 사람들이나 하는 짓이다. 스스로를 대단한 사람으로 여기지 말라. 그러면 다른 사람들이 알아주지 않더라도 놀라거나 당황하지 않을 것이고, 다른 사람들이 알아주면 즐거워할 수 있다.

● ● ●

오직 겸손한 마음으로 각각 자기보다 남을 낫게 여기고
- 빌립보서 2:3

● 당신보다 중요하다고 생각되는 사람은 누구인가? 그리고 당신보다 덜 중요하다고 생각되는 사람은 누구인가? 왜 그렇게 생각하는지 곰곰이 돌이켜보라.

> 자신을 내세우지 않는 사람들은 복되다!

22 Week

자기 스스로를 높이면 실망스러운 하루를 보내게 될 것이다. 다른 사람들을 높이면 대접을 받게 될 것이다. 다른 사람들의 성공을 당신 자신의 성공보다 더 중요하게 여길 때 당신은 기쁨에서 기쁨으로 옮겨갈 것이다.

다른 사람들에게 관심의 초점을 맞추는 그리스도인은 복되다. 자기 자신에게 관심의 초점을 맞추는 그리스도인은 불행하다.

당신이 주목받고 싶은 욕구 때문에 불행하다면, 그러한 당신의 욕구는 다른 사람들 또한 불행하게 만들 것이 분명하다. 마르다처럼 되는 것을 멈추라. 기본으로 돌아가라.

● ● ●

즐거워하는 자들과 함께 즐거워하고
- 로마서 12:15

● 오늘은 즐거워하는 자들과 함께 즐거워하는 것을 시도해 보라. 누군가에게 좋은 일이 생길 때마다 당신에게도 좋은 일이 생기길 바라는 대신 그 사람을 위해 진심으로 기뻐하라. 그리고 이것이 당신의 행복도에 어떤 영향을 끼쳤는지 기록하라.

지금부터 24시간 동안
다른 사람에게 일어난
모든 좋은 일을
축하하라.

5. 서로 인사함으로 행복해지기

다음의 성경구절들은 신약성경에서 가장 간과하기 쉬운 부분이다. 우리는 이것이 바울이나 다른 저자들이 편지를 쓸 때 마지막에 덧붙이는 말 정도라고 생각하며 그냥 지나치곤 한다. 하지만 중요하지 않다고 생각하기에는 너무 많이 등장한다.

"너희가 거룩하게 입맞춤으로 서로 문안하라"(롬 16:16).
"너희는 거룩하게 입맞춤으로 서로 문안하라"(고전 16:20).
"거룩하게 입맞춤으로 서로 문안하라"(고후 13:11).
"거룩하게 입맞춤으로 모든 형제에게 문안하라"(살전 5:26).
"너희는 사랑의 입맞춤으로 서로 문안하라"(벧전 5:14).

입맞춤은 이 편지들이 쓰인 시대와 문화에서 흔히 하는 인사였고, 그래서 바울은 초대교회에 입맞춤으로 인사하는 습관을 들이라고 계속 권한 것이다. 아마도 바울은 우리가 서로를 무시하기가 얼마나 쉬운지, 그리고 인사라는 단순한 행위가 얼마나 중요한지 알았을 것이다.

당신이 힘든 하루를 보내고 있는데 식료품점의 직원이 시간을 내어 당신에게 인사를 한다면 조금이나마 행복해지지 않겠는가?

당신이 어떤 교회에 처음 방문했을 때 입구에서 누군가가 인사를 건넨다면 조금이나마 환영받는다는 느낌이 들지 않겠는가?

서로 인사하는 것은 단순한 행위에 지나지 않지만, 누군가가 우리에게 먼저 인사를 건네 오면 우리는 그가 우리를 알아봐 주고 마음을 써 주는 듯한 느낌을 받는다. 우리가 시간을 내어 다른 사람들에게 인사할 때 그들 역시 같은 느낌을 받을 것이다. 서로 인사하면 인사를 하는 사람과 받는 사람 모두 행복해진다.

"서로 인사하라"는 이 단순한 권고를 실천할 때, 당신은 "안녕하세요?"라는 말이나 포옹, 악수의 강력한 힘에 놀랄 것이다.

23
Week

  사람들이 얼마나 분노로 가득한지 모른다! '도로 위의 분노'에서부터 '비행기 탑승객의 분노', '전화 상담원에게 쏟아 내는 분노', '마트 계산대에서의 분노', '소셜미디어에서의 분노', '주차장에서의 분노', '자동차 경적으로 표출하는 분노'까지 종류도 다양하다. 심지어 목발을 짚은 사람에게까지 화를 내며 경적을 울려 대는 운전자들도 있다.

  그러한 무례함의 도가 지나쳐서, 우리는 이제 어느 실험실 안에 붙어 있는 다음과 같은 경고문에 공감할 수 있을 정도가 되었다. '뾰로통하거나, 무례하거나, 참을성이 없거나, 배려심이 부족한 사람에게는 다른 사람들이 참아 주는 것에 대한 10달러의 벌금을 부과합니다.'

  그렇다. 무례한 사람에게 벌금을 부과하는 것도 한 가지 해결책이다. 하지만 보다 실제적인 해결 방안은 사도 바울이 제안한 다음과 같은 방법일 것이다. "너희가 거룩하게 입맞춤으로 서로 문안하라"(롬 16:16).

● ● ●

너희가 거룩하게 입맞춤으로 서로 문안하라.
– 로마서 16:16

● 당신은 사람들을 만날 때 주로 고개를 숙여 인사하는가, 악수를 하는가, 포옹을 하는가, 아니면 하이파이브를 하는가? 다른 사람이 당신에게 그렇게 인사할 때 어떤 느낌을 받는가?

당신에게는 별것 아닌 일이 누군가에게는 커다란 의미가 될 수 있다.

24 Week

우리는 왜 서로 인사를 나누는 데 주의를 기울여야 할까?

인사는 상대방에 대한 존중의 표현이기 때문이다. 존중은 다른 사람의 상황에 마음을 쓰는 것이다. 존중은 새로 전학 온 아이에게 "안녕?" 하고 말하는 것이다. 존중은 안내데스크 앞에 잠깐 멈춰 서서 안내원에게 "좋은 아침입니다."라고 말하는 것이다. 존중은 이어폰을 빼고 지하철 안의 동승자들에게 인사하는 것이다. 존중은 모자를 벗어 들고 경쟁자에게 인사하는 것이다. 존중은 교회에 처음 나온 사람이 어색하지 않도록 그를 반갑게 맞이하는 것이다.

서로 인사를 나누는 것은 그리 어렵지 않다. 하지만 의미 있는 차이를 만들어 낸다.

● ● ●

> 뭇 사람을 공경하며 형제를 사랑하며
> 하나님을 두려워하며 왕을 존대하라.
> – 베드로전서 2:17

● 베드로전서 2장 17절은 모든 사람을 존중하고, 동료 그리스도인들을 사랑하고, 하나님을 경외하고, 지도자를 예우하라고 권한다. 이 중 어떤 권고가 가장 어렵게 느껴지며, 그 이유는 무엇인가?

> 순수한 마음으로 건네는 인사는 선의의 행동이다.

25 Week

인사의 첫 번째 수혜자는 인사하는 사람 자신이다.

펜실베이니아주립대학교 연구자들이 내린 결론이 바로 이것이다. 그들은 학생을 두 그룹으로 나눠 한 그룹은 책을 읽게 하고, 다른 한 그룹은 포옹을 하게 했다. 포옹을 하는 그룹에는 한 달간 하루에 다섯 번 이상 포옹을 하게 하고, 책을 읽는 그룹에는 한 달간 매일 책 읽은 시간을 기록하게 했다. 놀라울 것도 없이, 책을 읽은 그룹보다 포옹을 한 그룹의 행복도가 더 높았다. 포옹은 실험 참가자들이 느끼는 기쁨의 수치를 끌어올렸다.[1]

• • •

너희에게 가서 대면하여 말하려 하니
이는 너희 기쁨을 충만하게 하려 함이라.
– 요한이서 1:12

● 전화나 문자, 이메일 등으로 안부를 묻는 대신 친구를 직접 만났을 때 어떤 기분이 드는가? 어떤 유형의 상호작용이 당신을 더 행복하게 하며, 그 이유는 무엇인가?

....
....
....
....
....
....
....
....
....

....   포옹을 많이 하는
....   사람들이 그렇지
                                             않은 사람들보다
....   더 행복하다.

26
Week

진심이 담긴 인사의 가치를 가벼이 여기지 말라. 우리 주님께서 "그 집에 들어가면서 평안하기를 빌라"(마 10:12)고 말씀하셨을 때보다 더 실제적이셨던 때도 드물다. 사람들에게 악수를 청하라. 그들과 눈을 맞추고, 진심이 담긴 인사를 건네라.

어떤 모임에 가든 두 부류의 사람을 만날 수 있다. "만나서 반가워요."라고 말하는 듯한 사람들과 "나를 만나러 와 줘서 반가워요."라고 말하는 듯한 사람들. 이 두 부류의 사람을 구분하기는 어렵지 않다.

● ● ●

> 진실로 너희에게 이르노니 너희가 여기 내 형제 중에
> 지극히 작은 자 하나에게 한 것이 곧 내게 한 것이니라.
> – 마태복음 25:40

● 만약 지금 예수님께서 방에 들어오신다면 당신은 어떻게 인사하겠는가? 다른 사람들에게도 그런 방식으로 인사하는가? 만약 그렇다면 그 이유는 무엇이고, 아니라면 그 이유는 무엇인가?

....
....
....
....
....
....
....
....
....
....

> 사람들에게 당신이 진심으로 반가워하고 있음을 알게 한 뒤 그들의 반응을 지켜보라.

27
Week

　우리는 친절한 행동이 누군가의 마음을 언제 어떻게 감동시킬지 결코 알지 못한다. 바울이 '모든 사람'에게 문안할 것을 촉구한 것도 그런 이유일 것이다. 그는 "좋아하는 사람들에게 문안하라"고 말하지 않았다. "아는 사람들에게 문안하라"거나 "친하게 지내고 싶은 사람에게 문안하라"고 말하지 않았다. "서로 문안하라"고 말했다.

　바울은 선입견 없이 모든 사람에게 친절히 대할 것을 호소하였으며, 직접 그 본을 보였다. 그는 한 사람 한 사람을 떠올리며 거룩하게 문안했다(롬 16:3-16). 스물여섯 명의 이름을 부르며 그들의 안부를 물었고, 때로는 그들 가족의 안부를 묻기도 했다.

● ● ●

네 이웃 사랑하기를 네 자신과 같이 사랑하라.
— 레위기 19:18

● 평소에 무심하게 지나치던 사람들 몇 명에게 인사를 해 보라. 그들이 어떤 반응을 보였으며, 그것이 당신의 행복에 어떤 영향을 미쳤는지 기록하라.

예수님은
그분의 자녀를
사랑하는 사람들을
사랑하신다.

28 Week

역사상 가장 위대한 인사가 있다. 그것은 전화나 이메일로 할 수 있는 것이 아니다. 가장 위대한 그 인사는 예수님께서 당신에게 직접 하실 것이다. "잘하였도다, 착하고 충성된 종아. 네가 적은 일에 충성하였으매 내가 많은 것을 네게 맡기리니 네 주인의 즐거움에 참여할지어다"(마 25:23).

● ● ●

잘하였도다, 착하고 충성된 종아.
– 마태복음 25:23

● 하나님 나라에서 예수님을 뵙게 되면 그분께 어떤 말씀을 듣고 싶은가?

> 사람들에게 그들이
> 소중한 존재임을
> 알려 주는 기쁨을
> 체험하라.

6. 기도 안에서 행복해지기

삶이 순탄하게 굴러갈 때에는 행복하다고 느끼기 쉽다. 당신은 건강하고, 직장은 안정적이고, 자녀들은 행복하다. 그러나 위기가 닥칠 때(질병이나 죽음, 파산을 경험할 때) 행복은 두려움과 절망에게 자리를 내준다. 그런 순간에는 우리가 처한 상황에 대한 무력감에 휩싸이기 쉽다. 단순하면서도 강력한 도구인 기도로 우주의 주인이신 하나님께 나아갈 수 있다는 사실을 잊기 쉽다.

당신이 마지막으로 기도한 때가 언제인가? 어쩌면 오늘 아침이나 어젯밤일 수 있다. 아니면 그보다 조금 더 오래됐을지도 모르겠다. 한 달 전이나 1년 전쯤? 때로는 상황이 너무 암담해서 기도가 안 나오기도 한다. 우리의 보잘것없는 기도로 어떻게 거대한 현실을 변화시킬 수 있겠는가?

아브라함도 그런 생각을 했을 것이다. 하지만 그는 포기하지 않았다. 창세기 18장에서 아브라함은 하나님께 죄악으로 얼룩진 두 도시, 소돔과 고모라를 구해 달라고 청했다. 아브라함에게는 소돔에 사는 조카가 있었기에 그는 담대하게 "여호와 앞에 그대로 섰다"(창 18:22). 그는 하나님께 소돔과 고모라에 충분한 수의 의인이 있다면 그곳을 멸하지 마시라고 청했다. 그때 하나님께서 어떻게 반응하셨는가? 코웃음을 치거나 웃음을 터뜨리셨는가? 아니다. 하나님은 아브라함의 말에 귀를 기울이셨다. 하나님은 미천한 인간이 하나님의 신성한 계획에 개입하는 것을 허락하셨다.

우리가 기도할 때 하나님은 우리의 기도를 들으신다. 우리에게는 비록 상황을 통제할 힘이 없을지라도 무력하지는 않다. 그렇기 때문에 우리는 삶이 힘들어질 때에도 하나님께서 우리를 지켜보고 계시며 우리의 기도를 들으신다는 것을 아는 데서 기쁨을 찾을 수 있다. 하나님은 우리의 삶 가운데 역사하시며, 우리는 기도의 능력으로 하나님과 동역할 수 있다.

29
Week

아브라함의 이야기는 우리에게 희망을 준다.

그는 하나님 앞에서 담대했다. 그는 성경이 우리 모두에게 촉구하는 것("병이 낫기를 위하여 서로 기도하라"[약 5:16])을 했다.

당신이 아는 누군가가 공격을 당한다. 당신의 이웃이 우울증에 시달린다. 당신의 형제에게 문제가 생긴다. 당신의 자녀에게 시련이 닥친다. 그럴 때 당신은 무슨 말을 해야 할지 알지 못한다. 도움을 청할 곳도 없다. 그러나 당신은 기도할 수 있다.

● ● ●

의인의 간구는 역사하는 힘이 크니라.
– 야고보서 5:16

● 기도할 때 당신은 하나님께서 당신의 기도를 들으신다고 믿는가? 만일 그렇다면 그 이유는 무엇이고, 아니라면 그 이유는 무엇인가?

당신의 기도는 당신이 사랑하는 사람들의 삶 가운데에 하나님께서 역사하시게 한다.

30 Week

 서로를 위해 기도할 때 우리는 하나님의 작업실에 들어가 망치를 들고 하나님께서 뜻하신 바를 이루시도록 돕는 것이다.

 나의 아버지도 형과 나에게 아버지의 일을 돕게 해 주신 적이 있다. 아버지는 집 짓는 일을 좋아하셨다. 우리가 살고 있던 집을 포함해 두 채의 집을 지은 경험이 있었다. 하지만 아버지에게는 보다 큰 꿈이 있었다.

 "너희도 돕고 싶으냐?" 아버지가 물으셨다. 당연히 우리는 돕고 싶었다! 그래서 형과 나는 날마다 방과후에 자전거를 타고 아버지가 작업하시는 공사 현장으로 갔다. 나는 흥분을 주체할 수 없었다. 나는 아빠의 파트너였다.

 하늘 아버지도 우리를 파트너로 초청하신다.

● ● ●

너희 안에서 행하시는 이는 하나님이시니 자기의 기쁘신 뜻을 위하여
너희에게 소원을 두고 행하게 하시나니
— 빌립보서 2:13

● 당신이 기도로 하나님께 요청드려야 할 삶의 영역은 무엇인가? 시간을 내어 그 기도를 적어 보라. 구체적으로 쓰라. 당신이 하나님께 구하고자 하는 것은 무엇인가?

> 우리의 기도는 하늘의 보고(寶庫)를 연다.

31 Week

연구에 의하면 기도와 믿음, 건강, 행복에는 상호 연관성이 있다. 듀크대학교의 해럴드 G. 쾨닉(Harold G. Koenig) 박사는 1,500건 이상의 의학 연구를 분석한 결과를 토대로 "보다 종교적이고 보다 기도를 많이 하는 사람이 정신적으로나 신체적으로 더 건강하다"는 결론을 내렸다. 그는 신의 도움을 구하는 영적인 사람들은 "스트레스에 더 잘 대처하고, 더 희망적인 만큼 훨씬 더 평안하며, 더 낙관적이고, 우울과 불안이 덜하며, 자살률이 낮다"고 말했다.[1]

하늘 아버지도 우리를 파트너로 초청하신다.

● ● ●

병이 낫기를 위하여 서로 기도하라.
– 야고보서 5:16

● 다른 누군가를 위한 기도를 써 보라. 그리고 이로 인해 기분이 어떻게 달라졌는지 보라.

....

....

....

....

....

....

....

....

....

....

....

....

....

> 기도로
> 다른 사람을
> 축복할 때
> 우리 자신도
> 축복 받는다.

32
Week

다른 사람들을 위한 기도에는 부메랑 효과가 있다. 기도는 우리가 다른 사람들을 위해 진 짐을 하나님의 어깨로 옮겨 놓는다. 하나님은 우리의 염려를 다 그분께 맡기라고 하셨다(벧전 5:7).

정치인들 때문에 짜증내지 말고 그들을 위해 기도하라. 교회의 상황에 분개하지 말고 교회를 위해 기도하라. 살면서 겪는 여러 어려움의 파도에 휩쓸리지 말고 모든 것을 하나님께 맡기라. 가족들의 장래를 걱정하지 말고 그들을 위해 기도하라. 다른 사람들을 위해 아무것도 할 수 없다고 생각하지 말고 기도의 자세를 취하라.

● ● ●

그러므로 하나님의 능하신 손 아래에서 겸손하라.
때가 되면 너희를 높이시리라. 너희 염려를 다 주께 맡기라.
이는 그가 너희를 돌보심이라.
– 베드로전서 5:6-7

● 오늘 당신이 염려하는 것은 무엇인가? 그 일에 대한 기도를 씀으로써 당신의 염려를 하나님께 맡기라. 다 쓴 뒤에는 소리 내어 읽으라. 염려하는 마음이 들 때마다 그 기도로 돌아가라.

견딜 수 없는
짐이 우리의
기도로 인해
견딜 만해진다.

33 Week

그리스도께서 친히 우리를 위하여 간구하시고(히 7:25), 우리에게 함께 기도하자고 초청하신다. "너희도 산 돌같이 신령한 집으로 세워지고 예수 그리스도로 말미암아 하나님이 기쁘게 받으실 신령한 제사를 드릴 거룩한 제사장이 될지니라"(벧전 2:5).

구약 시대 제사장의 임무는 하나님 앞에서 그분의 백성들을 위해 중재하는 것이었다. 그러므로 중보 기도를 드릴 때 우리는 하나님과 사람들 사이에 서서 제사장의 역할을 하는 셈이다.

당신은 실제로 "그리스도 예수 안에서 함께 하늘에 앉아" 있다(엡 2:6). 당신은 가족이나 이웃, 혹은 소프트볼 팀을 위해 기도한다. 그런 식으로 당신은 당신의 세계에 영향을 미친다.

• • •

예수는 영원히 계시므로 그 제사장 직분도 갈리지 아니하느니라.
그러므로 자기를 힘입어 하나님께 나아가는 자들을
온전히 구원하실 수 있으니
이는 그가 항상 살아 계셔서 그들을 위하여 간구하심이라.
— 히브리서 7:24-25

● 예수님께서 우리를 위해 기도하신다는 것을 알고 어떤 기분이 들었는가?

....

....

....

....

....

> 하나님께서 당신에게
> 어려운 이웃에 대한
> 부담을 주실 때
> 그 사람을 위해
> 기도하라.

....

....

....

....

34 Week

중보 기도만큼 행복을 증진시키는 것도 없다. 다른 사람들을 위해 기도해 보라. 예를 들면 혼잡한 공항을 지날 때 마음을 하늘로 들어 올려 이렇게 기도하는 것이다. "주님, 저 회색 양복 입은 사람을 축복해 주세요. 너무 지쳐 보이네요. 그리고 저 엄마와 아기에게 힘을 주세요. 저 군인들에게 자비를 베풀어 주세요." 그러면 당신도 모르는 사이에 평범한 여행길이 의미 있는 믿음의 여정이 될 것이다. 그리고 당신은 우리 형과 내가 아버지를 도와 집을 지을 때 느낀 것과 같은 에너지를 느끼게 될 것이다!

하늘 아버지는 당신의 기도를 들으신다.

● ● ●

**여호와께서는 자기에게 간구하는 모든 자 곧 진실하게
간구하는 모든 자에게 가까이하시는도다.**
− 시편 145:18

● 사람들이 붐비는 장소에 있을 때 주변에 있는 사람들을 위해 기도하라. 그리고 그것이 당신의 기분에 어떤 영향을 미쳤는지 기록하라.

....

....

....

....

....

....

....

....

....

> 우리는 기도한 후에
> 많은 것을
> 할 수 있지만
> 기도하기 전에는
> 아무것도
> 할 수 없다.

7. 다른 사람들을 섬김으로 행복해지기

세상은 조용한 봉사자들로 가득하다. 어쩌면 당신도 그들 중 하나일지 모르겠다. 보이지 않는 곳에서 일하고, 문이 닫힌 사무실 바닥을 쓸고, 아이들을 학교에서 학원으로, 또 운동경기장으로 실어 나르는 그런 사람 말이다. 당신은 보수를 받지 않거나, 받는다 해도 아주 조금밖에 받지 않는다. 당신의 수고를 알아주는 사람도 거의 없다. 하지만 성경은 남을 섬기는 사람이 크다고 여김을 받을 것이라 말한다(마 20:26).

섬김을 행복의 수단으로 여기기보다 자유(의무와 대출금과 일로부터의)를 더 기뻐하는 문화에서는 이러한 믿음이 쉽게 받아들여지지 않는다. 그러나 성경은 우리가 그리스도 안에서 이미 자유롭다고, "죄와 사망의 법"으로부터 자유롭다고 말한다(롬 8:2). 성경은 또한 이 자유를 어떻게 사용할지에 대해 알려 준다. "그 자유로 육체의 기회를 삼지 말고 오직 사랑으로 서로 종노릇하라"(갈 5:13).

그리스도 안의 자유는 우리로 하여금 자유롭게 다른 사람들을 섬기게 한다. 섬김은 자유나 행복으로 여겨지지 않을 수 있지만, 그리스도의 희생적인 사랑을 체험할 때 우리는 의무감이 아니라 기쁨으로 섬길 수 있게 된다. 이것이 빌딩 경비원이 CEO보다 더 행복할 수 있고, 소형차를 모는 부모가 고급 리무진을 소유한 유명인보다 더 행복할 수 있는 이유다. 그들은 그리스도의 이름으로 다른 사람들을 섬기는 기쁨을 안다.

행복하다는 느낌이 들지 않는가? 그렇다면 다른 사람들에게 무엇이 필요한지 물어보라. 먼저 다른 사람들을 섬기라. 그들을 섬겨야 한다는 의무감 때문이 아니라 당신이 자유롭기 위해서 말이다.

35
Week

조용한 봉사자들, 하나님 나라를 위해 수고하는 일꾼들은 옳은 일을 하고자 한다. 모임에 참석하고, 문을 열고, 음식을 만들고, 아픈 사람을 찾아간다. 그들은 앞에 나서지 않는다. 오히려 사람들에게 주목받는 것을 피한다. 그들은 강대상 앞에 서는 대신 강대상이 제자리에 있는지 점검한다. 마이크를 착용하는 대신 마이크에 전원이 들어오게 한다.

그들은 다음과 같은 성경구절을 몸소 실천한다. "형제들아 너희가 자유를 위하여 부르심을 입었으나 그러나 그 자유로 육체의 기회를 삼지 말고 오직 사랑으로 서로 종노릇하라"(갈 5:13).

● ● ●

형제들아 너희가 자유를 위하여 부르심을 입었으나
그러나 그 자유로 육체의 기회를 삼지 말고
오직 사랑으로 서로 종노릇하라.
- 시편 145:18

● 당신이 아는 사람 중 조용한 봉사자가 있는가? 그 사람은 어떤 사람이고, 그의 어떤 점이 마음에 드는지 써 보라. 만일 당신이 조용한 봉사자라면, 당신은 어떻게 해서 다른 사람들을 섬기게 되었는가?

> 섬김을 받고자 하는 사회에서 우리는 다른 사람들을 섬길 기회를 찾는다.

36 Week

　사도 바울은 갈라디아서에서 다섯 장에 걸쳐 이렇게 선포하고 있다. "여러분은 자유롭습니다! 죄로부터 자유롭고, 죄책감으로부터 자유롭습니다. 율법으로부터 자유롭습니다. 노예의 멍에에서 벗어나 자유하게 되었습니다."

　그러나 자유는 무엇이든 우리 마음대로 해도 된다는 핑계가 될 수 없다. 오히려 그 반대다. 우리는 자유롭기 때문에 섬긴다. 자원해서 다른 사람들을 위해 봉사한다. 섬김을 받고자 하는 사회에서 우리는 다른 사람들을 섬길 기회를 찾는다.

● ● ●

> 너희는 여호와께서 너희를 위하여 행하신 그 큰일을 생각하여
> 오직 그를 경외하며 너희의 마음을 다하여 진실히 섬기라.
> – 사무엘상 12:24

● 당신은 자원해서 다른 사람들을 섬기는가, 아니면 의무감으로 섬기는가? 당신의 마음에 대해 설명하라.

> 우리는 자유롭기 때문에 섬긴다.

37 Week

    하나님께서 예수님의 어머니로 마리아를 택하신 것은 마리아의 섬김의 정신 때문이었다. 마리아는 학자나 사교계의 명사가 아니었다. 그녀는 단순하고 평범한 시골 처녀였으며, 갈릴리의 외진 시골 마을인 나사렛 출신이었다.

    당시의 사회 계층에서 마리아는 최하층에 속했다. 그녀는 로마의 지배를 받는 유대인이었고, 남자에게 종속되는 여자였다. 그것도 나이 많은 여자들에게 밀리는 젊은 여자였다. 게다가 가난했기에 중상류층보다 아래에 있었다.

    이와 같이 마리아는 지극히 평범했지만, 바로 이 점이 그녀를 다른 사람들과 구별해 주었다. "주의 여종이오니 말씀대로 내게 이루어지이다"(눅 1:38).

• • •

주의 여종이오니 말씀대로 내게 이루어지이다.
– 누가복음 1:38

● 하나님께서 그분의 뜻을 이루고자 하실 때 왜 섬김의 마음을 지닌 사람들을 택하신다고 생각하는가?

....
....
....
....
....
....
....
....
....
....
....

> 당신도
> 하나님께
> 쓰임받을 수
> 있다.

38 Week

안드레는 다른 사람들의 그늘에 가려져 있는 봉사자였다. 그는 베드로의 형제이고, 야고보와 요한과 한동네 사람이다. 그러나 우리는 베드로와 야고보, 요한에 대해서는 자주 이야기하면서 안드레에 대해서는 언급하지 않는다. 그의 이름은 리더 명단 상위에 오른 적이 없다.

안드레는 조용한 봉사자였지만, 조용하다는 말은 자기만족적이라는 뜻이 아니다. 안드레가 주목받기를 원치 않았다고 해서 그에게 열정이 부족했다는 뜻은 아니다. 안드레는 그의 형제인 베드로를 예수님께 인도했다. 베드로는 최초의 설교를 했고, 예루살렘 교회를 이끌었다. 이방인에게 복음을 전했으며, 오늘날 우리가 읽는 서신서를 썼다. 또한 그는 바울을 옹호했다. 바울 서신을 좋아하는 사람들은 베드로에게 빚진 것이다. 그리고 베드로의 바위처럼 굳건한 믿음에서 힘을 얻은 사람들은 섬김의 정신을 보여 준 안드레에게 빚을 지고 있다.

● ● ●

너희 중에 누구든지 크고자 하는 자는
너희를 섬기는 자가 되고
– 마태복음 20:26

● 당신은 직업적으로나 사회적인 지위 면에서, 혹은 친구들 사이에서 중요한 사람이 되려 하는가? 마태복음 20장 26절이 그러한 당신의 바람을 어떻게 변화시키는가?

> 하나님께서는 그리스도를 세상에 보내실 때 섬기는 이를 찾으셨다.

39
Week

　예수님께서 제자들 앞에 나타나신 장면 중 다음과 같은 상황이 있다. 갈릴리 바다에 있던 제자들은 해안가에서 누군가가 자신들을 부르는 소리를 들었다. 그 사람이 물고기를 잡을 수 있는 곳을 알려 주었을 때 제자들은 그분이 예수님이라는 것을 깨달았다. 베드로는 물속에 뛰어들어 해안까지 헤엄쳐 갔고, 다른 제자들은 열심히 노를 저었다. 해안에 도착하자 놀라운 광경이 그들을 기다리고 있었다. 예수님께서 요리를 하고 계셨던 것이다. 예수님은 제자들에게 "와서 조반을 먹으라"고 말씀하셨다(요 21:12).

　서로 역할이 바뀌어야 하지 않았을까? 예수님, 대적할 자가 없는 우주의 사령관이 앞치마를 두르시다니….

● ● ●

인자가 온 것은 섬김을 받으려 함이 아니라 도리어 섬기려 하고
자기 목숨을 많은 사람의 대속물로 주려 함이니라.
– 마가복음 10:45

102 / 맥스 루케이도와 함께하는 **행복 연습 다이어리**

● 섬기는 자로서의 예수님을 생각해 본 적이 있는가? 예수님께서 제자들을 섬기시는 것을 생각할 때 어떤 느낌이나 이미지가 떠오르는가?

....
....
....
....
....
....
....
....
....
....
....

**예수님은
섬기러 오셨다.**

40 Week

　당신이 섬기는 역할을 맡았다고 생각하라. 저녁 식사 후에 가족을 위해 설거지를 하라. 회의 때 제시간에 도착해서 주의 깊게 들음으로써 동료들을 섬기라. 연로한 이웃을 위해 그 집 앞마당의 잔디를 깎아 주라.

　이처럼 사람들에게 기쁨을 주는 데서 얻는 유익을 상상할 수 있겠는가?

　물론 당신은 상상할 수 있다! 당신에게는 그런 경험이 있기 때문이다. 몸이 아픈 직장 동료에게 파이를 가져다주거나 병든 아이에게 노래를 불러 주었을 때 당신과 상대방 모두 힘을 얻지 않았던가? 당신은 스스로를 미소 짓게 할 수 있는 가장 쉬운 방법이 먼저 다른 누군가를 미소 짓게 만드는 것임을 알 만큼 남을 도와 왔다.

● ● ●

무슨 일을 하든지 마음을 다하여 주께 하듯 하고
사람에게 하듯 하지 말라.
이는 기업의 상을 주께 받을 줄 아나니
너희는 주 그리스도를 섬기느니라.
− 골로새서 3:23-24

● 주변 사람들을 위해 당신이 할 수 있는 간단한 일 몇 가지를 열거하라. 다른 사람들을 섬기는 것이 당신의 행복에 어떻게 영향을 미치는지 기록하라.

> 다른 사람들의 유익을 구하는 것이 당신에게도 크나큰 유익이 된다.

8. 용서 안에서 행복해지기

누군가에게 상처받았을 때 화가 나거나 받은 만큼 갚아 주고 싶은 마음이 드는 것은 인간의 자연스러운 반응이다. "서로 ○○하라"는 성경구절 중에서 용서가 가장 어려운 이유다. 서로 사랑하는 것은 할 수 있다. 서로 인사를 나누는 것도 문제없다. 하지만 "서로 용서"하라는 바울의 권고에는 머뭇거리게 된다(엡 4:32). 나에게 잘못한 사람을 어떻게 용서한단 말인가? 그 사람에게 받은 상처를 어떻게 그냥 넘겨 버릴 수 있단 말인가? 아마도 용서는 "서로 ○○하라"는 성경구절 중에서 가장 어려우면서도 가장 중요한 명령일 것이다.

원한을 품는 것만큼 행복에 방해가 되는 것도 없다. 우리에게 상처 준 사람에 대한 분노를 오래 품고 있다 보면, 상대방은 거의 달라지지 않지만 우리 자신은 확실히 달라진다. 분노는 우리를 과거의 고통과 상처에 가둠으로써 우리의 마음과 몸과 영혼을 상하게 한다. 반면에 용서는 미래로 향하는 길을 만든다.

바울은 로마서에 다음과 같이 기록했다. "모든 사람이 죄를 범하였으매 하나님의 영광에 이르지 못하더니 그리스도 예수 안에 있는 속량으로 말미암아 하나님의 은혜로 값없이 의롭다 하심을 얻은 자 되었느니라"(롬 3:23-24).

우리의 상처가 아물었거나 상대방이 용서를 받을 만해서 용서하는 것이 아니다. 우리가 용서받았기 때문에 용서하는 것이다. 오직 이것을 믿을 때에만 우리는 우리에게 잘못한 사람을 용서할 수 있다. 그리고 그를 용서할 때에만 행복해질 수 있다.

원한은 우리를 매이게 하지만, 용서는 우리를 자유하게 한다. 원한은 상처 때문에 행복해질 수 없을 거라고 말하지만, 용서는 상처에도 불구하고 행복해질 수 있다고 말한다.

오늘 당신은 이 둘 중 어느 것을 택하겠는가?

41 Week

    어떤 사람들은 용서하는 것이 거의 불가능에 가깝다고 생각하여 용서의 길을 포기한다. 그러므로 현실적으로 생각하자. 용서는 잘못을 감싸 안거나 눈감아 주는 게 아니다. 용서하기 위해 반드시 화해를 해야 하는 것도 아니다. 나에게 잘못한 사람과의 관계 개선은 꼭 필요한 것도 아니고 늘 가능한 것도 아니다. 더욱이 "용서하고 잊으라"는 말은 도달 불가능한 기준을 제시한다. 고통스러운 기억은 낡은 의복처럼 쉽게 벗어던질 수 있는 게 아니다.

    용서란 잘못한 사람에 대한 당신의 태도를 바꾸는 것이다. 해를 가하려는 마음을 평화에 열린 마음으로 바꾸는 것이다.

• • •

> 서로 친절하게 하며 불쌍히 여기며 서로 용서하기를
> 하나님이 그리스도 안에서 너희를 용서하심과 같이 하라.
> – 에베소서 4:32

● 당신이 용서해야 할 누군가에 대해 써 보라. 당신은 왜 그 사람을 용서하지 못했는가? 어떻게 하는 것이 그 사람을 용서하는 것인가?

원한은
우리를 점점 더
힘들게 한다.

42 Week

듀크대학교의 연구자들은 정서적 안정을 증진시키는 여덟 가지 요소를 제시했는데, 그중 네 가지가 용서와 관련이 있다.

1. 의심과 분노를 피할 것
2. 과거에 살지 말 것
3. 변화될 가능성이 없는 상황과 싸우느라 시간과 에너지를 허비하지 말 것
4. 부당한 대우를 받았을 때 자기연민에 빠지지 말 것[1]

〈용서하거나 원한을 품거나〉라는 제목의 논문에서 연구자들은 실험참가자들로 하여금 그들에게 상처를 준 사람에 대해 생각하도록 했을 때의 상황을 전한다. 실험참가자들은 자신에게 상처를 준 사람을 생각만 해도 손에서 땀이 나고, 얼굴 근육이 경직되고, 심장 박동이 빨라지고, 혈압이 상승했다. 그러나 용서의 가능성을 상상해 보게 하자 앞에서 나타났던 모든 생리적인 반응이 원래대로 돌아갔다.[2]

● ● ●

> 급한 마음으로 노를 발하지 말라.
> 노는 우매한 자들의 품에 머무름이니라.
> – 전도서 7:9

● 누군가에 대한 원한을 내려놓았던 때에 대해 써 보라. 원한을 내려놓았을 때 기분이 어떠했는가? 그 사람을 용서하는 데 도움이 되었던 것은 무엇인가?

………………………………………………………………………………
………………………………………………………………………………
………………………………………………………………………………
………………………………………………………………………………
………………………………………………………………………………
………………………………………………………………………………

용서의 한 걸음은 행복을 향한 결정적인 한 걸음이다.

………………………………………………………………………………
………………………………………………………………………………
………………………………………………………………………………
………………………………………………………………………………
………………………………………………………………………………

43 Week

　예수님은 "대야에 물을 떠서 제자들의 발을 씻으시고 그 두르신 수건으로" 닦으셨다(요 13:5).

　이때는 예수님이 십자가에 못 박히시기 전에 제자들과 마지막으로 식사를 하시던 저녁이었다. 그날 밤 제자들은 예수님께서 발을 씻어 주신 것의 엄청난 의미를 깨달았다. 그들은 주님과 함께 있겠다고 맹세했지만, 그 맹세는 로마 병사들의 횃불 앞에서 밀랍처럼 녹아 버렸다.

　제자들이 달아나다가 결국 기운이 다해 땅에 털썩 주저앉으며 고개를 숙이고 무기력하게 땅바닥을 바라보는 모습이 눈에 선하다. 그때 예수님께서 씻어 주신 발이 눈에 들어왔다. 예수님은 제자들이 그분을 배반하기 전에 그들을 용서하셨다.

● ● ●

저녁 먹는 중 예수는 아버지께서 모든 것을 자기 손에 맡기신 것과
또 자기가 하나님께로부터 오셨다가 하나님께로 돌아가실 것을 아시고
저녁 잡수시던 자리에서 일어나 겉옷을 벗고 수건을 가져다가
허리에 두르시고 이에 대야에 물을 떠서 제자들의 발을 씻으시고
그 두르신 수건으로 닦기를 시작하여
– 요한복음 13:3-5

● 당신이 그날 밤 다락방에 있던 제자들 중 한 명이었다고 상상해 보라. 예수님께서 당신의 발을 씻어 주실 때 어떤 기분이었을까? 당신은 어떤 반응을 보였을까? 예수님께 뭐라고 말씀드렸을까?

....

....

....

....

....

> 예수님은 자신이 누군지 아셨기에 그렇게 하실 수 있었다.

....

....

....

....

....

....

....

....

44
Week

　당신의 모든 죄가 기록되어 있는 비디오가 어찌어찌해서 내 손에 들어왔다고 가정하자. 당신의 모든 엇나가는 행동과 제멋대로의 생각, 경솔한 말들이 그 비디오에 담겨 있다. 당신은 내가 그 비디오를 재생하기 바라는가? 절대 그렇지 않을 것이다. 당신은 내게 그것을 틀지 말아 달라고 사정할 것이다. 나 역시 당신에게 내 죄를 알리지 말아 달라고 사정할 것이다.

　걱정하지 말라. 나에겐 그런 비디오가 없다. 그러나 예수님은 가지고 계시다. 예수님은 그 비디오를 보셨다. 그분은 우리 삶의 모든 어두운 순간을 보셨다. 그리고 이렇게 결심하셨다. "내겐 은혜가 충분해. 나는 그들을 깨끗케 할 수 있어. 나는 그들의 죄를 씻어 줄 거야."

● ● ●

> 그는 미쁘시고 의로우사 우리 죄를 사하시며
> 우리를 모든 불의에서 깨끗하게 하실 것이요
> – 요한일서 1:9

● 당신은 예수 그리스도를 통한 하나님의 용서를 경험하였는가? 만약 그렇다면, 처음 용서받았을 때의 느낌이 어떠하였으며, 그것이 당신을 어떻게 변화시켰는지에 대해 써 보라. 만약 아니라면, 하나님의 용서를 받아들이기 주저하는 이유에 대해 써 보라. 되도록 솔직하게 쓰라.

....

....

....

....

....

....

....

....

....

> 우리에게 은혜가
> 필요하다는 것을
> 알기도 전에 이미
> 우리는 은혜를 받았다.

45 Week

　다른 사람들은 언쟁을 하고 다툴지라도 우리는 그러지 않는다.
　다른 사람들은 복수를 꾀할지라도 우리는 그러지 않는다.
　다른 사람들은 자신에게 잘못한 사람을 마음에 담아 둘지라도 우리는 그러지 않는다.
　우리는 수건을 허리에 두르고 대야에 물을 채운다. 그리고 서로의 발을 씻어 준다.

　예수님은 자신이 누군지 아셨기에 그렇게 하실 수 있었다. 당신은 어떤가? 당신도 자신이 누군지 아는가? 당신은 하나님의 창조물이다. 선하신 하나님의 형상을 따라 지음받았다. 당신은 영원한 왕국에서 통치할 것이며, 천국에 아주 가까이 있다.

　권리와 기대의 겉옷을 벗고 용감한 한 걸음을 내디디라. 사람들의 발을 씻어 주라.

● ● ●

내가 주와 또는 선생이 되어 너희 발을 씻었으니
너희도 서로 발을 씻어 주는 것이 옳으니라.
내가 너희에게 행한 것같이
너희도 행하게 하려 하여 본을 보였노라.
– 요한복음 13:14-15

● 당신에게 잘못한 사람의 발을 씻어 준다고 상상해 보라. 그 사람에게 무슨 말을 해 주어야 할까? 그리스도께 용서받았다는 확신이 그 사람의 발을 씻어 주는 데 어떻게 도움이 되는가?

> 당신이 누군지 알 때 예수님께서 하신 일을 할 수 있다.

46
Week

 당신의 몸에는 용서의 물방울 하나가 튄 것이 아니다. 당신의 몸이 은혜에 살짝 젖은 것도 아니다. 친절을 조금 맛본 것도 아니다. 당신은 용서에 흠뻑 젖고, 은혜에 푹 잠겼다. 하나님의 은혜의 바다에 어깨까지 잠겨 있으면서 잔을 채워 다른 사람들에게 용서를 베풀지 않을 수 있을까?

 행복은 당신이 받은 은혜를 다른 사람들에게 베풀 때 생겨난다. 이제 예수님이 다락방에서 보여 주신 본을 따를 때가 되었다. 하나님께서 그리스도 안에서 당신을 용서하셨듯이 당신도 다른 사람들을 용서할 때가 되었다.

● ● ●

너희의 죄가 주홍 같을지라도
눈과 같이 희어질 것이요
진홍같이 붉을지라도 양털같이 희게 되리라.
– 이사야 1:18

● 시간을 내어 당신을 향한 하나님의 용서에 대해 묵상하라. 하나님의 사랑이 당신을 깨끗케 하시게 하라. 그분의 용서가 당신을 완전히 감싸게 하라. 그런 다음 하나님께 드리는 기도를 써 보라.

....
....
....
....
....
....
....
....
....
....
....
....
....

> 행복은 당신이 받은 은혜를 다른 사람들에게 베풀 때 생겨난다.

9. 하나님의 사랑 안에서 행복해지기

사랑이 없는 세상에서는 행복을 찾을 수 없다. 사랑이 없다면 어떤 노래를 만들고, 어떤 영화를 보고, 어떤 책을 읽을 것인가? 무엇에서 영감을 얻을 것인가? 작곡가들과 시인들의 가장 위대한 뮤즈는 세상을 돌아가게 하는 힘, 즉 사랑이다.

그러나 결함이 있는 인간인 우리는 다른 사람들, 심지어 우리와 결혼한 사람조차 늘 사랑으로 대하지는 못한다. 우리는 피곤하고 변덕스럽다. 분노하고 실망한다. 사랑이 고갈되었다고 느낀다. 그럴 때 우리는 사랑의 원천이신 하나님께로 돌이켜야 한다.

요한은 "우리가 사랑함은 그가 먼저 우리를 사랑하셨음이라"(요일 4:19)라고 썼다. 누가 먼저 사랑하셨는가? 하나님이 먼저 사랑하셨다. 하나님의 사랑이 우리를 변화시킨다. 하나님의 사랑은 우리를 가득 채우고, 우리에게 새로운 정체성을 부여한다. 하나님께서 우리를 사랑하시는 그 사랑으로 인하여 우리는 스스로를 가치 있는 존재로 느낀다. 우리가 하나님께 사랑받는다고 믿을 때야 비로소 우리는 다른 사람들을 사랑할 수 있다.

하나님으로부터 시작된 사랑은 쉽게 퍼져 나간다. 그러나 먼저 사랑받지 않은 상태에서 사랑하려고 애쓸 때, 우리는 연료 탱크가 텅 빈 자동차 같고, 가뭄에 바닥이 드러난 강 같다. 내어 줄 게 없는 것이다. 억지로 노력할 수는 있다. 억지로 누군가를 사랑할 수 있지만, 그 사랑은 오래가지 못한다. 누군가를 진정으로 사랑하려면 먼저 하나님께서 우리를 사랑하시게 두어야 한다.

앞으로 몇 주 동안, 당신이 어떻게 하나님께 사랑받았으며, 어떻게 주변 사람들을 사랑할 수 있을지에 대해 생각해 보라. 하나님의 사랑 안에 거하면서 그 사랑으로 자신을 가득 채우라. 그리고 하나님의 사랑이 당신을 통해 주변 사람들에게까지 흘러 들어가는지 보라.

47
Week

    행복의 가장 순수한 원천인 하나님의 사랑을 발견하라. "헤아릴 수 없는" 사랑(엡 3:19, 현대인의성경), 받는 사람 편에서 어찌 할 도리가 없는 사랑을 발견하라. 모세가 이스라엘 백성에게 한 말은 곧 하나님께서 우리에게 하시는 말씀이다. "여호와께서 너희를 기뻐하시고 너희를 택하심은 너희가 다른 민족보다 수효가 많기 때문이 아니니라. 너희는 오히려 모든 민족 중에 가장 적으니라. 여호와께서 다만 너희를 사랑하심으로 말미암아…"(신 7:7-8).

    우리가 선하기 때문에 하나님께서 우리를 사랑하시는 것인가? 아니면 우리의 친절 때문인가? 우리의 크나큰 헌신 때문인가? 아니다. 하나님께서 우리를 사랑하시는 것은 그분의 선하심과 인자하심과 크나큰 헌신 때문이다.

• • •

> 모든 성도들과 함께 헤아릴 수 없는 그리스도의 사랑의
> 폭과 길이와 높이와 깊이를 깨달아 알고
> 하나님의 모든 풍성하신 은혜가 여러분에게 넘치기를 기도합니다.
> – 에베소서 3:18-19, 현대인의성경

● 당신은 하나님의 사랑을 어떻게 묘사하고 싶은가? 하나님의 사랑을 생각할 때 떠오르는 단어나 문구, 이미지 등을 적어 보라.

....

....

....

....

....

....

....

....

....

....

....

....

다른 사람들을 향한 진정한 사랑은 그리스도의 사랑을 받아들이는 것에서 시작된다.

48
Week

    당신은 하나님께서 당신을 사랑하시게 두었는가? 이 질문을 대충 지나치지 말라. 하나님의 사랑이 당신의 삶 가운데 속속들이 스며들게 두었는가? "하나님이 우리를 사랑하시는 사랑을 … (체험적으로) 알고 믿었"는가?(요일 4:16)

    만약 당신의 대답이 "잘 모르겠는데요."라거나 "그런 사랑을 경험한 지 한참 된 것 같아요." "저 같은 사람은 하나님이 사랑하실 것 같지 않네요."라면 무언가에 발부리가 걸린 것이다.

● ● ●

> 하나님이 우리를 사랑하시는 사랑을 우리가 알고 믿었노니
> 하나님은 사랑이시라. 사랑 안에 거하는 자는 하나님 안에 거하고
> 하나님도 그의 안에 거하시느니라.
> – 요한일서 4:16

● 당신은 하나님께서 당신을 사랑하시게 두었는가? 만약 그렇다면, 하나님의 사랑을 처음 체험했을 때에 대해 써 보라. 만약 아니라면, 당신으로 하여금 하나님의 사랑을 온전히 믿지 못하게 하는 것은 무엇인지 생각해 보라.

하나님께서
당신을
사랑하시게 하라!

49
Week

    하나님께서 당신을 사랑하시는 이유는 그분이 당신을 사랑하기로 하셨기 때문이다. 당신은 사랑스럽지 않을 때 사랑받았다. 그 누구에게도 사랑받지 못할 때 하나님께 사랑받았다. 다른 사람들은 당신을 버리고, 당신과 이혼하고, 당신을 무시할지 몰라도 하나님은 당신을 사랑하신다. 그리고 이렇게 말씀하신다. "내가 내 백성이 아닌 사람들을 '내 백성'이라 부르고 내가 사랑하지 않은 자를 '나의 사랑하는 자'라고 부를 것이다"(롬 9:25, 현대인의성경).

    당신의 삶 가운데 이런 사랑이 있게 하라. 이런 사랑으로부터 '나는 하늘 아버지께 사랑받았다'는 크나큰 기쁨이 탄생하게 하라.

● ● ●

'사랑받지 못하는 자'라고 불리던 자에게 내가 사랑을 베풀고
내 백성이 아니라고 하던 자에게 '너는 내 백성이다' 하고 말할 것이며
그들이 '주는 나의 하나님이십니다.' 하고 말할 것이다.

– 호세아 2:23, 현대인의성경

● 단지 하나님께서 당신을 사랑하기로 하셨기 때문에 당신을 사랑하신다는 것에 대해 어떻게 생각하는가? 이러한 사실이 당신을 불편하게 하는가, 행복하게 하는가, 혼란스럽게 하는가? 당신의 생각을 써 보라.

....
....
....
....
....
....
....
....
....
....

아무도 당신을
사랑하지 않을 때에도
하나님은 당신을
사랑하신다.

50 Week

신약성경에는 "서로 사랑하라"는 권고가 열한 번 정도 등장한다. 그리스도께서 세 번(요 13:34, 15:12, 17), 바울이 세 번(롬 13:8; 살전 3:12, 4:9), 베드로가 한 번(벧전 1:22), 사도 요한이 네 번(요일 3:11, 4:7, 11; 요이 5절) 말했다.

이 구절들에 나오는 '사랑'에 해당하는 헬라어 '아가페'(agape)는 이타적인 사랑을 의미한다.[1] 아가페 사랑은 돈이 별로 없을 때에도 남을 돕게 하고, 누군가가 내게 큰 잘못을 해도 그를 용서하게 하고, 스트레스가 심한 상황에서도 인내심을 발휘하게 하고, 친절을 경험하기 힘든 환경에서 친절을 베풀게 한다. "하나님이 세상을 이처럼 사랑하사(아가파오, agapaó) 독생자를 주셨으니"(요 3:16).

● ● ●

> 내 계명은 곧 내가 너희를 사랑한 것같이
> 너희도 서로 사랑하라 하는 이것이니라.
> 사람이 친구를 위하여 자기 목숨을 버리면
> 이보다 더 큰 사랑이 없나니.
> – 요한복음 15:12-13

● 아가페 사랑은 미디어나 대중문화에서 접하는 로맨틱한 사랑과 어떻게 다른가?

> 아가페 사랑은 베푸는 사랑이다.

51
Week

　우리는 사람들이 사랑스러워서 사랑하는 것이 아니다. 사람들은 괴팍하고, 완고하고, 이기적이고, 잔인할 수 있다. **우리가 사람들을 사랑하는 이유는 하나님께서 우리를 사랑하시는 사랑을 우리가 알고 믿기 때문이다.**

　그런데 우리는 이 단계를 건너뛰는 경향이 있다. "이웃을 사랑해야 한다고? 좋아, 그렇게 하지 뭐." 이렇게 결심한 뒤 이를 악물고 노력을 배가한다. 마치 우리 안에 사랑을 증류하는 양조장이라도 있는 것처럼, 증류기에 열을 가하면 또 한 병의 사랑주가 만들어지기라도 하는 것처럼 말이다.

　하지만 그것은 불가능하다! 우리 안에는 사랑이 없기 때문이다. 우리는 오직 하나님 아버지의 아가페 사랑을 받아들임으로써 다른 사람들을 향한 아가페 사랑을 발견할 수 있다.

● ● ●

**사랑하는 자들아 하나님이 이같이 우리를 사랑하셨은즉
우리도 서로 사랑하는 것이 마땅하도다.**
- 요한일서 4:11

● 당신이 알고 지내는 사람 중 사랑하기 힘든 사람에 대해 써 보라. 그 사람을 사랑하기 위해 당신은 무엇을 하는가? 그 사람을 사랑하려고 애쓰는가? 하나님의 사랑에 의존하는가? 사랑하기를 포기했는가?

**사랑받으라.
그리고
사랑하라.**

52 Week

하나님의 사랑의 해먹에 몸을 누이라. 그렇게 할 때, 그리고 그렇게 하는 만큼 당신은 그 사랑을 다른 사람들에게 베풀 수 있다.

어쩌면 결코 사랑스럽지 않은 사람들의 이름이 떠오를 것이다. 10년도 넘게 그들에 대한 편견이나 원한을 가지고 있을 수 있다. 그러나 새날을 맞이하라. 하나님의 사랑이 당신을 통해 흘러갈 때 해먹은 적의와 철조망이 사라진다. 행복은 그렇게 생겨난다. 하나님은 당신이 오랜 미움과 편견 속에 살도록 내버려두지 않으실 것이다.

● ● ●

또 너희가 너희 형제에게만 문안하면
남보다 더하는 것이 무엇이냐
이방인들도 이같이 아니하느냐
그러므로 하늘에 계신
너희 아버지의 온전하심과 같이
너희도 온전하라.
– 마태복음 5:47-48

● 하나님께서 당신에게 사랑을 보여 주신 방법들을 적은 후 그것에 대해 묵상하라. '하나님의 사랑의 해먹에 몸을 누이는 것'이 다른 사람들을 사랑하는 데 어떻게 도움이 되는가?

....
....
....
....
....

> 사람들 안에서 기쁨을 찾는 법을 배울 때 당신이 발견할 기쁨을 상상해 보라.

....
....
....
....
....

에필로그

마지막 제안

지난 한 해 동안 일기를 쓰며 행복에 대해 알게 된 것들을 놓고 묵상하는 시간을 가지라.

● 지금까지 행복에 대해 생각하고 기록한 것에 대한 소감을 적어 보라.

● 당신은 행복에 대해 무엇을 알게 되었는가?

● 당신 자신에 대해 무엇을 알게 되었는가?

● 다른 사람들에 대해 무엇을 알게 되었는가?

● 하나님에 대해 무엇을 알게 되었는가?

주

프롤로그 다시 행복하게

1) Alexandra Sifferlin, "Here's How Happy Americans Are Right Now," *Time*, July 26, 2017, http://time.com/4871720/how-happy-are-americans/.

Week 1

1) Randy Alcorn, *Happiness* (Carol Stream, IL: Tyndale, 2015), 19.

2. 서로 격려함으로써 행복해지기

1) W. E. Vine, *Vine's Expository Dictionary of New Testament Words: A Comprehensive Dictionary of the Original Greek Words with Their Precise Meanings for English Readers* (McLean, VA: MacDonald Publishing, n.d.), "Comfort, Comforter, Comfortless," 209–10.

Week 7

1) 같은 책

Week 12

1) Vine, *Vine's Expository Dictionary*, "Consider," 231–32.

Week 14

1) Vine, *Vine's Expository Dictionary*, "Longsuffering," 694. David Hocking, "The Patience of God," Blue Letter Bible, https://www.blueletterbible.org/comm/hocking_david/attributes/attributes14.cfm.

Week 25

1) Sonja Lyubomirsky, *The How of Happiness: A Practical Approach to Getting the Life You Want* (London: Piatkus, 2007), 150–51.

Week 31

1) "Science Proves the Healing Power of Prayer," NewsmaxHealth, March 31, 2015, https://www.newsmax.com/health/headline/prayer-health-faith-medicine/2015/03/31/id/635623/.

Week 42

1) "Peace of Mind," 듀크대학교에서 실시한 사회 연구로, 다음 책에 인용되어 있다. Rudy A. Magnan, *Reinventing American Education: Applying Innovative and Quality Thinking to Solving Problems in Education* (Bloomington, IN: Xlibris, 2010), 23. 다른 네 가지 요소는 다음과 같다. ① 살아 있는 세계와 관계를 맺을 것. ② 사랑과 유머, 자비, 충성심 같은 오래된 덕목들을 개발할 것. ③ 스스로에게 너무 많은 것을 기대하지 말 것. ④ 자기 자신보다 더 큰 무언가를 믿을 것.

2) Charlotte vanOyen Witvliet, Thomas E. Ludwig, and Kelly L. Vander Laan, "Granting Forgiveness or Harboring Grudges: Implications for Emotion, Physiology, and Health," *Psychological Science* 12, no. 2 (March 2001): 117–23, https://greatergood.berkeley.edu/images/uploads/VanOyenWitvliet-GrantingForgiveness.pdf.

Week 50

1) Vine, *Vine's Expository Dictionary*, "Love," 702.

함께 읽으면 좋은 책

기쁘고 평안한 그리스도인의 일상
맥스 루케이도와 함께하는 행복 연습

맥스 루케이도와 함께하는 행복 프로젝트
베풀수록 풍성해지는 성경 속 10가지 행복 원리

〈맥스 루케이도와 함께하는 행복 연습 다이어리〉의 묵상글이 보다 체계적으로 정리되고 설명된 책이다. "서로 ○○하라"는 10개의 성경구절을 중심으로 이웃을 사랑하고 섬기며 누리는 진정한 행복에 대해 이야기한다. 본서와 함께 읽으면 더욱 유용하게 활용할 수 있다.

사명선언문

너희가 흠이 없고 순전하여……세상에서 그들 가운데 빛들로
나타내며 생명의 말씀을 밝혀 _ 빌 2:15-16

1. 생명을 담겠습니다
만드는 책에 주님 주신 생명을 담겠습니다.
그 책으로 복음을 선포하겠습니다.

2. 말씀을 밝히겠습니다
생명의 근본은 말씀입니다.
말씀을 밝혀 성도와 교회의 성장을 돕겠습니다.

3. 빛이 되겠습니다
시대와 영혼의 어두움을 밝혀 주님 앞으로 이끄는
빛이 되는 책을 만들겠습니다.

4. 순전히 행하겠습니다
책을 만들고 전하는 일과 경영하는 일에 부끄러움이 없는
정직함으로 행하겠습니다.

5. 끝까지 전파하겠습니다
모든 사람에게, 땅 끝까지, 주님 오시는 그날까지
복음을 전하는 사명을 다하겠습니다.

서점 안내

광화문점   서울시 종로구 새문안로 69 구세군회관 1층
              02)737-2288 / 02)737-4623(F)

강남점   서울시 서초구 신반포로 177 반포쇼핑타운 3동 2층
              02)595-1211 / 02)595-3549(F)

구로점   서울시 동작구 시흥대로 602, 3층 302호
              02)858-8744 / 02)838-0653(F)

노원점   서울시 노원구 동일로 1366 삼봉빌딩 지하 1층
              02)938-7979 / 02)3391-6169(F)

분당점   경기도 성남시 분당구 황새울로 315 대현빌딩 3층
              031)707-5566 / 031)707-4999(F)

일산점   경기도 고양시 일산서구 중앙로 1391 레이크타운 지하 1층
              031)916-8787 / 031)916-8788(F)

의정부점   경기도 의정부시 청사로47번길 12 성산타워 3층
              031)845-0600 / 031)852-6930(F)

인터넷서점 www.lifebook.co.kr